아홉살 진로 멘토

이 도서의 국립중앙도서관 출판시도서목록(CIP)은
e-CIP 홈페이지(http://nl.go.kr/ecip)에서 이용하실 수 있습니다. (CIP제어번호:CIP2012004831)

초등학생을 위한 **직업으로 보는 인물 이야기**

아홉살 진로 멘토

글 최수복 | 그림 배현정

진로정보 허은영

북멘토

작가의 말
우리 모두의 마음속에는
위대한 인물이 될 '씨앗'이 있단다

"넌 커서 뭐가 되고 싶니?"
"……없는데요."
오길비는 대학에 들어가서도 공부에 흥미를 느끼지 못했어. 결국 낙제점을 받아 퇴학까지 당했지. 청년이 된 오길비는 여전히 하고 싶은 것을 찾지 못했단다. 그래서 요리사로 일하기도 하고 오븐을 팔러 다니기도 하고 심지어 농사일도 해 보았어. 하지만 자신이 뭘 잘하는지, 뭘 하고 싶은지 도통 몰랐단다. 마흔 살이 가까워지도록 말이야.
그러던 어느 날, 오길비는 드디어 하고 싶은 일을 찾게 돼.
"이 일이라면 날마다 코피가 터져도 좋아!"
오길비가 마지막으로 선택한 직업은 카피라이터야. 오늘날, 사람들은 오길비를 '광고의 천재'라고 부른단다.

오드리 헵번은 어릴 적 발레리나가 꿈이었어. 꿈을 이루기 위해 밤낮으로 연습했지. 하지만 너무 큰 키 때문에 발레리나가 될 수 없었단다.
"발레리나 말고는 아무것도 되고 싶은 게 없어요."
오드리 헵번은 울음을 터뜨렸어. 하지만 절망을 딛고 도전한 꿈이 영화배우야. 마침내 세계적인 영화배우가 되었지.

데이비드 오길비처럼 아직 꿈이 없는 친구도 있을 테고, 오드리 헵번처럼

벌써 자신의 꿈과 진로를 정한 친구도 있을 거야. 되고 싶은 게 너무 많아 고민인 친구도 있겠지.

"난 뭐 하나 잘하는 게 없는걸 뭐."

이렇게 생각하는 친구도 있을지 몰라. 선생님도 학생 시절에 그랬으니까. 재주 많고 공부도 잘하는 친구들이 부럽기도 했지.

하지만 어른이 되면서 마음을 고쳐먹었단다. 부러워하지 않기로 말이야. 대신 마음속에서 자라는 '씨앗'에 정성을 쏟았어. 책도 읽어 주고 노래도 불러 주었지.

꼭 기억해 주렴.

"누구나 마음속에 위대한 인물이 될 '씨앗'이 있다!"는 사실을 말이야. 그 '씨앗'이 싹을 틔워 무럭무럭 자랄 수 있도록 정성을 다하길 바랄게.

앞서 나온 책 『아홉 살 인생 멘토』가 아름답고 가치 있는 삶을 산 사람들에 대한 이야기라면 『아홉 살 진로 멘토』는 직업으로 살펴보는 인물 이야기야. 과학자, 의사, 디자이너, 교육자, 사업가, 배우, 카피라이터의 꿈을 이룬 위대한 사람들을 통해 다양한 직업의 세계도 엿보고 자신의 꿈과 진로에 대해 곰곰이 생각하는 시간도 가져 보았으면 좋겠어.

최수복

추천의 말
한 알의 씨앗이 싹이 트듯

어린이들은 이야기 주인공과 자신을 동일시하는 마음이 강합니다.

특히 위인전은 그 인물이 살아 낸 삶이 극적일수록 어린이들이 더 큰 감화를 받을 수 있습니다. 어렸을 때 읽은 인물 이야기를, 자기 삶을 지키고 가꾸는 모범으로 담고 평생을 살아가기도 합니다. 이 때문에 어렸을 때 어떤 인물 이야기를 만나게 되는가는, 자기 마음에 어떤 씨앗을 심어 두는가와 비슷하다고 할 수 있습니다. 그 씨앗이 싹이 터서 한 사람의 인생을 더욱 의미 있게 가꾸고 지키는 데 힘이 되어 주는 경우가 많기 때문입니다.

이야기 속에 나오는 인물들은 어려운 형편 속에서도 도전과 끈기, 독서를 통한 깊은 사고와, 현실에 대한 끊임없는 관찰로 자신의 삶을 의미 있게 가꾸고 지켜 낸 사람들입니다.

이 책은 자신의 삶을 독특한 무늬로 살아 낸 인물의 삶에서 주제에 맞는 부분을 잘 골라 내용을 재구성하였고, 그 인물의 삶에서 무엇을 얻을 것인지를 알아챌 수 있는 핵심 문장을 정확하게 골라내서 보여 주고 있습니다. 그리고 이야기 끝에 연표를 실어서 살아온 흐름을 한눈에 살펴 볼 수 있도록 한 점도 좋습니다. 마지막으로 한 어린이가 한 가지 질문을 하고, 주인공이 답변을 하는 형식으로 질문과 답변을 구성해 놓았는데, 이야기를 읽고 나서 내면화 과정을 좀 더 자연스럽게 이끌어 주는 데 도움이 될 수 있습니다.

이주영
문학박사. 전 초등학교 교장. 현 어린이문화연대 대표.

진로 멘토와 함께 꿈을 키워요

제 친구의 직업은 작가랍니다. 글을 쓰느라 잠도 잘 못 자고, 마음대로 놀지도 못하는 친구가 안쓰럽기도 하고 답답한 생각이 들 때도 많아요.

"글 쓰는 일은 정말 힘들지 않니? 쉽게 돈을 벌 수 있는 직업을 가졌으면 좋았을 텐데…… 다시 어렸을 적으로 돌아간다면 어떤 직업을 갖고 싶어?"

어느 날, 저는 친구에게 물어 보았습니다.

"무슨 소리야? 나는 지금 하고 싶은 일을 하고 있어서 정말 행복해."

저는 잠시 뒤통수를 얻어맞은 것처럼 멍해져서 친구의 얼굴을 오래오래 바라보았어요. 그 친구가 누구보다도 행복해 보이고 멋있었어요.

대부분의 사람들은 정작 진로를 결정할 때에는 자신이 하고 싶은 일을 찾지 못하여 방황을 하거나, 자신의 뜻과 다른 길로 가곤 해요. 만약 그들 인생에 진로 멘토가 나타났더라면 어떤 일이 벌어졌을까요? 훨씬 현명한 선택을 하지 않았을까요?

이 책에 실린 인물들의 이야기는 우리와 동떨어진 세계에 살아가는 것 같은 위인들 이야기가 아니에요. 실제로 꿈을 이루기 위해 어떠한 노력을 했는지 이야기를 들려줌으로써, 우리가 지금 왜 공부를 해야 하는지, 학교를 왜 다니는지, 책을 왜 봐야 하는지 스스로 깨달을 수 있게 한답니다.

또 현실 속에서 우리가 쉽게 만날 수 있는 비슷한 직업은 어떤 것들이 있는지 구체적으로 알려 주지요.

한대규
부천 중흥초등학교 교사. 어린이책 작가.

차례

작가의 말 • 4

추천의 말 • 6

과학자가 되려면
앙리 파브르처럼! • 10

의사가 되려면
장기려처럼! • 36

디자이너가 되려면
가브리엘 샤넬처럼! • 64

허은영 선생님이 들려주는 다양한 직업의 세계

과학자 • 32   곤충학자 • 33   생명과학연구원 • 34   지리정보시스템(GIS) 전문가 • 35   의사 • 60   치과의사 • 61   약사 • 62
간호사 • 63   캐릭터 디자이너 • 90   패션 디자이너 • 91   인테리어 디자이너 • 92   도시계획가 • 93

교육자가 되려면
마리아 몬테소리처럼! • 94

기업가가 되려면
유일한처럼! • 116

배우가 되려면
오드리 헵번처럼! • 142

카피라이터가 되려면
데이비드 오길비처럼! • 166

교사 • 112 교육학자 • 113 교수 • 114 특수교사 • 115 사업가 • 138 바이어 • 139 금융자산운용가 • 140 판매원 • 141 연예인 • 162
방송 연출가(PD) • 163 아나운서 • 164 사회복지사 • 165 카피라이터 • 188 작가 • 189 광고 및 홍보 전문가 • 190 사진기자 • 191

과학자가 되려면 앙리 파브르처럼!

"내 눈으로 확인한 것 외에는 믿지 말고, 끈질기게 관찰하라."

어린 파브르는 쇠똥구리가 열심히 일하는 모습이 신기했어. 갈퀴처럼 생긴 머리로 똥을 쭉쭉 긁어 모으더니, 앞다리로 꾹꾹 똥을 눌러 붙이고 있잖아. 똥 구슬은 조그만 앵두 모양이었다가 점점 호두알만 해졌어. 나중에는 아기 주먹만큼 커진 거야.

'동글동글 예쁘게 잘도 빚는구나!'

일을 마치자, 쇠똥구리는 똥 구슬을 굴리기 시작했어. 파브르는 궁금해졌지.

"할머니, 똥 구슬을 어디로 가져가려는 걸까요?"

어린 파브르는 할머니에게 물었어.

"아마, 자기 집으로 가져가겠지."

어린 파브르의 입에서 까르르 웃음이 터져 나왔어.

"할머니, 쇠똥구리가 물구나무를 섰어요."

"어머나, 정말이구나."

쇠똥구리는 머리를 아래로, 다리는 위로 번쩍 들고 물구나무를 섰어. 맨 뒤의 다리 두 개로 똥 구슬을 꽉 붙잡고 말이야.

영차, 영차.

어린 파브르는 손에 땀이 났어. 비스듬한 비탈길이 나왔거든. 그것도 모르고 쇠똥구리는 똥 구슬을 굴리고 있잖아.

"쇠똥구리야, 위험해."

하지만 똥 구슬은 이미 비탈진 길로 들어선 뒤야.

데굴데굴~ 똥 구슬이 신나게 굴러가다가,

"쿵!"

나무뿌리에 부딪히고 말았어. 쇠똥구리는 벌렁 뒤집혀 버렸지 뭐야. 발버둥을 친 다음에야 간신히 일어날 수 있었어. 그러고는 똥 구슬을 찾는지 두리번거렸지.

'아, 저기 있구나!'

쇠똥구리는 똥 구슬을 찾아서 꽉 붙들었어. 똥 구슬을 비탈길로 밀어 올리기 시작하는 거야. 똥 구슬은 다시 굴러떨어졌겠지. 쇠똥구리도 벌러덩 뒤집히고 말이야. 그래도 포기하지 않았어. 다시 일어

나 똥 구슬을 찾고, 또 굴러 떨어지고……. 이런 행동을 수십 번이나 되풀이했지. 마침내 쇠똥구리는 똥 구슬을 붙들고 제 갈 길을 갔단다.

'쇠똥구리는 수십 번이나 똥 구슬을 놓치고도 결국 해냈어.'

훗날 곤충학자가 된 파브르는, 연구를 하다가 힘들 때 쇠똥구리를 떠올리며 힘을 내었어.

어린 파브르가 '눈으로 본다'는 것을 실험한 것도 이때쯤이야. 눈으로 보는 것이야 당연한 것 아니냐고? 당연한 말이지만 어린 파브르는 알고 싶었단다.

"할머니, 호롱불에 몰려드는 나방 좀 보세요!"

"그렇구나."

"근데 나방을 보는 것은 제 눈일까요, 아니면 입일까요?"

"아무렴, 눈이고말고."

할머니가 눈이라고 말했지만, 파브르는 실험을 통해 직접 확인하고 싶었어. 눈을 감고 입을 벌리고 해를 바라보았지. 해가 보이지 않는 거야. 이번에는 입을 다물고 눈을 떴어. 그랬더니 해가 보이는 거야.

'나는 호롱불에 끌리는 나방이다.
저 빛나는 빛을 보는 것은 내 눈일까, 아니면 내 입일까?'
막 깨어나기 시작한 나의 과학적 호기심은
단순한 질문에서 시작되었다.

'아하, 입이 아니라 눈이구나.'

파브르는 깨달았어. 할머니는 어린 손자의 행동에 웃음을 터뜨렸지만, 어린 파브르는 대단한 발견이라도 한 양 아주 기뻤단다.

'곤충들도 나처럼 눈으로 호롱불 빛을 찾아 날아드는구나.'

곤충은 빛을 느끼는 기관이 입일까, 아니면 눈일까 하는 궁금증을 해결하는 순간이었어. 어린 파브르는 귀뚜라미가 빨강과 파랑 두 가지 색깔의 날개를 가지고 있다는 사실을 발견하기도 했지. 귀뚜라미를 몇 날 며칠 끈질기게 쫓아다닌 결과였단다.

호기심, 과학자를 만드는 씨앗

파브르는 1823년 프랑스의 남부 생레옹에서 태어났어. 동생이 태어나자, 입을 하나라도 덜려는 부모님의 결정으로 시골의 할아버지 댁에 맡겨졌지. 동식물을 유난히 좋아하는 파브르에게는 오히려 좋았어. 하지만 이런 행복도 오래가지 못했단다.

아버지는 가족들을 데리고 여러 차례 이사를 다녔어. 사업이 실패할 때마다 이곳저곳 옮겨 다녔지. 나중에 파브르의 아버지는 이마저도 힘들어졌단다.

"파브르, 더는 버틸 수 없구나. 흩어져서 제 살길을 찾자꾸나."

파브르의 나이 열다섯 살이었어. 스스로 먹을 것, 잠잘 곳을 구하며 노숙자처럼 살게 된 거지. 파브르는 주린 배를 움켜쥐며 나무 밑이나 공원 벤치에서 잤어. 시장에서 레몬을 팔기도 하고, 철도를 만드는 공사장에서 일을 하기도 했단다.

파브르는 돈을 벌자마자 책을 사서 공부를 했어. 공부에 흥미를 느끼자 학교에 가고 싶었지. 1839년, 아비뇽 사범학교에 들어가기 위해 시험을 보았어. 사범학교는 학비를 내지 않고도 공부할 수 있었지. 파브르는 1등으로 합격했단다.

파브르는 왜 곤충학자가 되려고 했을까?

선생님이 된 파브르는 아이들을 데리고 자주 야외수업을 했어. 하루는 학생들이 벌집을 발견하고 꿀을 찍어 먹고 있었지. 기다란 지푸라기를 벌집 구멍에 넣어서 말이야.

"너무 맛있다. 선생님도 부르자."

파브르도 맛보았어. 어느 꿀보다 달콤했지.

"음, 가위벌이 모은 꿀이구나!"

"가위벌이요?"

"이 벌은 싹둑싹둑 가위질을 잘한단다."

가위벌에 대한 기본 정보는 『절지동물의 자연사』에 나와 있었기 때문에 알고 있었어. 신기해서 파브르가 백 번도 더 읽었다던 책이야.

'책에서 본 귀한 벌을 직접 만나다니! 운이 좋구나.'

파브르는 가슴이 쿵쾅거렸어. 수많은 곤충을 관찰했지만, 그중에 파브르가 가장 오랫동안 관찰을 해 온 것은 벌이야. 가위벌도 그중에 하나지.

"이 벌은 가위같이 날카로운 턱이 있어. 이 턱으로 나뭇잎을 동그랗게 오려 낸단다."

"턱에 가위가 달려 있나요?"

"응, 그런 셈이지."

"어디에 쓰려고 나뭇잎을 오려요?"

"가위벌은 알을 낳기 위해서 방을 만들어. 방을 만들 때 나뭇잎을 쓰거든."

"곤충이 방을 만들 줄 알아요?"

"그럼. 우리처럼 방도 만들고 집도 잘 짓는단다."

"와, 재주꾼이네요!"

아이들은 곤충이 나뭇잎을 오리는 재주가 있다는 데 놀라고, 알 낳을 방을 스스로 만든다는 것에 또 놀랐어.

훗날 파브르는 곤충학자로서 본격적으로 가위벌 연구를 하였어. 이런 신기하고 놀라운 이야기를 봇물 터지듯 글로 쓴 책이 『파브르 곤충기』란다.

가위벌 한 마리가 무려 열일곱 개의
방을 만들어 놓은 것을 본 적이 있다.
각 방을 꽃가루로 채운 다음 그 위에 알을 하나씩 낳는다.
그런 다음, 동그랗게 오린 나뭇잎 뚜껑으로 입구를 막아 놓는다.

'가위벌이 오린 나뭇잎 뚜껑은 어떻게 입구에 딱 들어맞을 수가 있을까?'

가위벌이 자를 가지고 다니며 재는 것도 아니잖아. 재료를 구하는 나무와도 멀리 떨어져 있어. 필요한 크기보다 조금 넉넉하게 잘라 와 맞추는 것도 아니야.

파브르는 놀라웠어. 게다가 각 방마다 뚜껑을 열 장 정도 씌우는데, 하나같이 매끈한 면이 바깥을 향해 있었단다.

'가위벌은 이런 놀라운 능력을 어떻게 지녔을까? 누군가 가르쳐 주는 걸까?'

파브르는 오랜 관찰 끝에 결론을 내렸어. 곤충은 본능적으로 능력을 터득하고 있다고 생각했지. 가위벌이라면 당연하게 집 짓는 본능을 가졌다는 거야. 이를테면 아기가 태어나서 본능적으로 엄마 젖을 빠는 것처럼, 누군가 가르쳐 주지 않아도 스스로 한다는 거지.

파브르는 코르시카 섬의 중학교 물리 선생님으로 가게 되었어. 전보다는 월급이 조금 올랐지만 가난에 허덕이는 것은 여전했지. 코르시카는 아름다운 섬으로 동식물을 관찰하기 좋았어. 이름난 학자들이 연구를 위해 섬에 왔는데, 그중에 르키앙도 있었지.

파브르는 르키앙을 존경하며 따랐단다.

"파브르, 난 코르시카에 있는 거의 모든 식물을 채집해서 표본을 만들려고 하네."

"제가 도와드리겠습니다. 오늘은 어디로 갈까요?"

"코르시카 전부가 '자연박물관'이라네. 아무 데나 좋아."

파브르는 르키앙의 제자가 되어 식물을 관찰했어. 수많은 식물을 채집하는 데 열을 올렸지. 하지만 르키앙은 갑자기 죽고 말았단다.

모켕 탕동 교수가 와서 르키앙의 연구를 대신했어. 파브르는 탕동 교수도 도왔지. 탕동은 몹시 놀랐어. 중학교 선생이 생물에 뛰어난 지식과 경험을 가지고 있었기 때문이야.

"당신은 물리교사로 있기에는 재주가 아까워."

"식물과 곤충을 찾아다닐 때는 배가 고픈 줄도 모르겠어요."

"생물학자가 되는 게 어때?"

파브르는 눈이 번쩍 뜨였어.

'왜 내가 그동안 곤충과 식물 따위에 미치도록 빠져 있었는지 알았어. 추위와 배고픔에 떨면서도 언제나 하고 싶은 게 생물 연구잖아. 내가 좋아하는 이 일에 평생을 바쳐도 아깝지 않아.'

파브르는 생물학자의 길을 가기로 결심했어. 그런데 말라리아 병에 덜컥 걸리고 말았지. 게다가 월급도 반으로 줄어들었단다.

과학자는 늘 의문을 가져야 해

파브르는 서서히 건강을 되찾았어. 마침 아비뇽에 있는 국립고등학교에서 선생님으로 와 달라고 했어. 파브르는 아이들에게 공부를 가르치면서 틈틈이 곤충을 관찰했단다.

파브르는 1854년에 레옹 뒤푸르의 논문을 우연히 보게 되었어. 발표한 지 13년이나 지난 논문이었지. '비단벌레노래기벌의 생활 습성'에 관한 글이야. 뒤푸르는 살아 있는 비단벌레노래기벌을 꼼꼼히 관찰하여 뭘 먹고 사는지, 어떤 집을 짓는지 등을 자세하게 썼단다.

'살아 있는 곤충을 관찰해서 글을 쓸 수 있구나!'

파브르는 가슴이 터질 듯 전율이 왔어. 이 논문은 파브르를 훌륭한 곤충학자로 만드는 계기가 되었단다.

> 뒤푸르의 논문은 장작이 가득 찬 난로에 불을 지피는 불씨 역할을 해 주었다.

논문은 무슨 내용일까? 뒤푸르는 노래기벌이 사는 땅속 집에서 비단벌레를 발견했어. 왜 비단벌레가 땅속에 있는지 궁금했어. 알고 보니 노래기벌이 비단벌레를 일부러 넣어 둔 거야. 알에서 깨어난 애벌레가 먹을 수 있게 말이야. 말하자면 비단벌레는 노래기벌의 밥이었던 거지.

그런데 문제는 비단벌레였어. 비단벌레의 날개는 초록빛의 화려한 빛깔을 내지. 그런데 땅속에서 한 달이 다 지나도 마치 살아 있는 것처럼 반짝반짝 윤기가 그대로 있는 거야.

'왜 비단벌레가 오래되었는데도 썩지 않고 여전히 싱싱할까?'

꼼짝도 않는 것을 보면 죽은 것 같기도 하고 말이야.

"비단벌레를 땅속에 오래 둬도 썩지 않는 것은, 노래기벌이 비단벌레의 몸에 방부제를 주사하기 때문이다. 방부제는 알코올이나 포르말린처럼 비단벌레의 몸을 썩지 않게 한다."

이건 뒤푸르의 주장이야. 그런데 파브르는 뒤푸르의 연구 결과에 의심이 생겼어.

'방부제 침을 주사했다고 하여 비단벌레가 싱싱할까?'

파브르는 노래기벌을 자기 눈으로 직접 확인하고 싶었어. 비단벌레 노래기벌과 같은 종류인 왕노래기벌을 선택했지. 왕노래기벌의 먹이는 비단벌레가 아니라 바구미였단다.

끈질긴 관찰 끝에 파브르는 왕노래기벌이 바구미의 몸 아래쪽에 재빨리 주사 놓는 장면을 보았어. 마취 주사를 놓으니까 죽은 것처럼 움직이질 않았지. 그런데 바구미의 꽁무니 쪽에 가루가 떨어져 있는 거야. 파브르는 만져 보았어.

'앗, 똥이야!'

바구미가 살아 있을 때처럼 똥을 싸고 있었어.

파브르는 다른 실험도 해 보았어. 톱밥 넣은 병 속에 휘발유를 조금 뿌린 다음, 침을 맞은 바구미를 넣어 보았지.

'어라, 뒷다리가 꿈틀꿈틀 움직여!'

바구미는 휘발유 때문에 마취에서 깨어나 움직인 거야. 어떤 곤충이든지 휘발유가 몸에 닿으면 죽어 버리거든. 바구미는 죽지 않고 살아 있었던 거야. 15분이 지나자 움직임이 멈췄어. 이젠 진짜 죽은 상태가 되었지.

파브르는 자기도 모르게 소리쳤어.

"레옹 뒤푸르가 틀렸어!"

파브르는 왕노래기벌을 연구한 결과를 자세히 적어 대학에 보냈어. 논문 제목은 아주 길지만 요약하면 '노래기벌이 잡아온 비단벌레가 오랫동안 썩지 않는 이유'야. 그 정답은 '살아 있으니까'란다.

1856년 파브르는 과학자로서 프랑스 학사원에서 주는 실험 생리학상을 받았어. 파브르는 본격적으로 곤충학을 연구하기로 마음먹었단다.

과학자의 끈기, 쇠똥구리 연구를 40년이나!

"쇠똥구리는 땅이 울퉁불퉁해서 굴리기가 힘들면, 다른 쇠똥구리에게 도움을 청하러 간다……."

유명한 과학자 엘리 블량샤르의 쇠똥구리에 대한 연구야.

이 글을 본 파브르는 의심이 갔어.

'쇠똥구리가 도움을 청하는지, 아닌지를 내 눈으로 확인해 보자.'

끈기 있는 파브르는 14년 동안 노력했어. 마침내 밝혀낸 사실이 『파브르 곤충기』 1권에 쓰여 있단다.

"나는 쇠똥구리가 똥 구슬을 굴리며 가는 도중에 다른 쇠똥구리가 끼어드는 것을 수없이 관찰했다. 정말 도와주러 왔을까? 그런데 이제까지 도와주던 쇠똥구리가 갑자기 똥 구슬의 주인을 냅다 들이박아 버렸다. 친절한 척 다가온 쇠똥구리는 친구가 애써 만든 똥 구슬을 가로채 버렸다. 벌레 나라에도 도둑이 있다. 이런 일은 사람들의 사회에서도 흔히 볼 수 있다."

파브르는 두 눈으로 확인하는 걸 좋아했어. 스스로 답을 얻을 때까지 말이야. 쇠똥구리 연구는 무려 40년도 더 걸렸지. 언제나 성질 급하게 결론을 내리지도 않았고 세상에 떠들어 대지도 않았단다.

> 때로는 뜨거운 햇빛 아래 후끈거리는 모래 언덕에서,
> 때로는 한증막 같은 좁은 길 위에서 오랜 시간 기다려야 하고
> 때로는 바위 꼭대기에 올라서는 위험도 감수해야 한다.
> 앙상한 올리브 나무 밑에서 관찰하는 날은 운수가 좋은 날이다.
> 한낮의 뜨거운 태양으로부터 조금이라도 보호받기 때문이다.

파브르는 쇠똥구리가 다른 동료에게 도움을 청하지 않는다고 결론을 지었어. 도와주려고 온 게 아니라, 결국 똥 구슬을 차지하려고 도와주는 척하며 먹이를 빼앗는다는 사실을 말이야.

또한 파브르는 쇠똥구리의 알이 어디에 있을까 궁금해졌어.

'똥 구슬을 열 개, 백 개를 깨뜨려도 알은 나오지 않네. 어디에 알을 낳는 걸까?'

파브르는 쇠똥구리를 기르면서 살피기로 했어. 그러려면 날마다 쇠똥구리에게 줄 신선한 말똥이 필요했지. 보통 쇠똥구리는 12시간 내내 자기 몸집만 한 똥을 해치워. 파브르는 짐마차가 다니는 큰 거리를 돌아다니며, 말똥을 찾아다녔어. 말똥이 보이면 횡재라도 한 듯이 봉투에 담았지.

그런데 문제가 생겼어.

'왜 쇠똥구리가 한두 마리씩 죽는 걸까?'

파브르는 알 수 없었어. 나중엔 한 마리도 남지 않았지. 파브르는 미친 듯이 쇠똥구리를 찾아다녔지만, 보이질 않는 거야. 할 수 없이 똥 구슬을 찾아오면 용돈을 주겠다며, 동네 아이들을 구슬렸어. 하지만 아이들도 마찬가지였단다.

'쇠똥구리 연구를 포기해야 할까?'

이즈음 파브르는 아비뇽 마을에서 세리냥으로 이사를 오게 되었어.

하루는 젊은 양치기가 파브르를 찾아왔어.

"선생님! 이것 좀 보세요!"

양치기가 내민 건 분명 쇠똥구리의 똥 구슬이었어. 그런데 보통 똥 구슬과는 모양이 달랐지. 표주박처럼 길고 꼭지 부분이 가느다랗게 생겼지 뭐야.

파브르가 놀라 물었어.

"자네는 어디서 이것을 주웠는가?"

"양 치는 목장에서요. 거기 가면 또 있을 거예요."

파브르는 부리나케 가 보았어. 양치기가 가르쳐 준 곳으로 말이야. 흙이 봉긋이 올라와 있는 곳을 조심스레 팠더니, 예쁜 배 하나가 길게 누워 있는 게 보이는 거야! 양치기가 가져온 똥 구슬 모양과 같았어.

"근데 어디에 알이 들어 있을까?"

파브르는 독특한 모양의 식량 뭉치를 잘라 보았어. 아무리 찾아보아도 알 같은 것은 보이지 않는 거야. 이제 남은 곳은 꼭지 부분처럼 올라온 자리야. 파브르는 조심조심 잘라 보았단다.

"아, 쇠똥구리 알이다."

똥 구슬의 잘록한 꼭지에 알이 들어 있지 뭐야! 파브르는 다른 똥 구슬도 쪼개어 보았어. 모두 표주박 모양의 꼭지 부분에 알이 있었단다.

알 낳을 계절이 오면 쇠똥구리 엄마는 표주박 모양의 독특한 똥 구슬을 만들기 시작해. 그러고는 잘록한 꼭지 부분에 알을 낳는단다. 알에서 애벌레가 나오면 똥 구슬 안에 있는 똥을 먹고 살아. 애벌레는 곧 번데기로 변하지.

그러던 어느 날 비가 내려 빗물이 똥 구슬을 촉촉하게 적시면, 어른 벌레가 똥 구슬을 찢고 땅 위로 나오는 거야. 파브르는 이 과정이 한 달쯤 걸린다는 것을 알았단다.

『파브르 곤충기』 열 권을 언제 썼을까?

쇠똥구리 이야기가 담긴 『파브르 곤충기』 1권은 56살에 처음 쓰기 시작했어. 파브르는 2, 3년에 한 권씩 30여 년에 걸쳐 책을 모두 완성하였어. 마지막 열 번째 책은 84살에 썼지. 노인이 된 파브르가 얼마만큼의 끈기와 인내심을 가지고 썼을지 짐작할 수 있단다.

『파브르 곤충기』는 열 권으로 총 4,000쪽이 넘는 아주 방대한 작품이야. 책에는 파브르가 연구한 쇠똥구리뿐만 아니라 벌·개미·나방·매미·파리·잠자리·메뚜기 등 여러 곤충의 세계를 보여 주고 있어. 곤충 기록만이 아니라 파브르가 살아온 이야기도 곁들여 있단다.

 1910년 4월 3일 세리냥에서 '파브르의 날' 행사가 열렸어. 이제는 고전이 된 『파브르 곤충기』의 첫 권을 쓴 지 30년 만에 말이야. 여전히 파브르의 책상에는 벌레들이 수시로 날아와 집을 짓고 살았지. 곤충들의 비밀을 캐는 데 온 생애를 바친 파브르는, 1915년 10월 11일 92살의 나이에 하늘나라로 떠났단다.

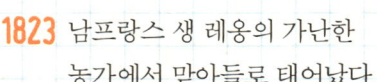

파브르

Jean Henri Fabre
1823년 12월 22일~1915년 10월 11일

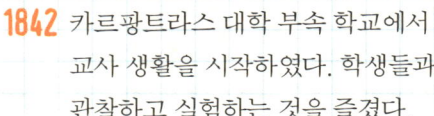

1823 남프랑스 생 레옹의 가난한 농가에서 맏아들로 태어났다.

1842 카르팡트라스 대학 부속 학교에서 교사 생활을 시작하였다. 학생들과 관찰하고 실험하는 것을 즐겼다.

1854 뒤푸르의 논문을 읽고 크게 감동을 받았다. 그 뒤로 의문이 생겨 스스로 노래기벌 관찰을 시작하였다.

1856 뒤푸르의 관찰 결과가 잘못되었다는 연구 결과를 인정받아 실험 생리학상을 받았다.

1879 『파브르 곤충기』 1권이 세상에 나왔으며 그 뒤로 30년간 책을 썼다. 1907년 『파브르 곤충기』 10권이 완성되었다. 하지만 사람들에게 알려지지 않아 책이 팔리지 않았다.

1910 프랑스 정부로부터 훈장을 받았으며, 많은 사람들이 『파브르 곤충기』를 읽게 되었다.

파브르 아저씨, 저는 과학자가 되고 싶은 자우림이에요. 과학자가 되기 위해서는 어떤 태도를 갖는 게 가장 좋을까요?

먼저, 사물을 끈질기게 관찰할 줄 아는 끈기야. 과학자의 길은 힘들기 때문에 중도에 포기하고 싶은 마음이 굴뚝같아. 끝이 보이지 않는데 밤낮으로 연구에 매달리고 있다고 생각해 봐. 남이 알아주지 않는 연구 분야라면 더욱 그래. 곤충학이 그랬어.

"하찮은 벌레 따위나 연구하고 있다니!" 하며 사람들은 혀를 끌끌 찼단다.

살아 있는 곤충을 관찰하는 일은 더욱 어려웠어.

원하는 시간에 곤충이 척 하고 나타나면 얼마나 연구하기 쉽겠니? 알다시피 절대 그렇지 않잖아. 그래서 관찰할 기회가 오면 재빨리 붙잡아야 한단다. 한 번 기회를 놓치면 오랜 시간이 지난 후에도 다시 올지 장담할 수가 없어. 나는 심지어 몇 십 년이 걸린 일도 있었단다. 두줄무늬배벌 애벌레의 먹이를 23년이 지나서야 선생님은 발견했어. 쇠똥구리는 40년이나 걸렸단다.

얼마나 끈기 있게 기다려야 하는지 알겠지? 기회는 생각지도 못한 순간에 와. 사람 사는 것도 마찬가지야. 언제나 준비하고 기다리면 기회는 오는 법이야.

보통 관찰자는 언제 나타날지 모르는 곤충을 기다리며 잠복근무를 하지. 언제 범인이 나타날지 모르는 형사처럼. 뜨거운 햇빛 아래에서, 좁은 바위 구덩이에 몸을 웅크리며 기다리기도 한단다. 때로는 위험천만한 바위 꼭대기에 올라서기도 해. 앙상한 나무 밑에서 관찰하는 날은 운이 좋아. 그나마 나무 밑이라 관찰자를 보호해 주잖니!

관찰한 것을 꼼꼼히 기록하는 것도 잊지 마. 시간이 없다고 성급하게 결론 내리지 말고 다시 의심해 봐. 과학자는 항상 의문을 가져야 한단다.

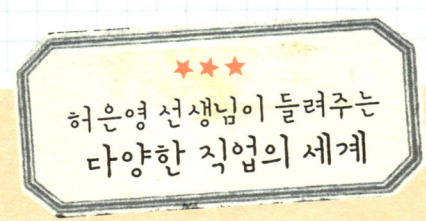
허은영 선생님이 들려주는
다양한 직업의 세계

과학자

★ 어떤 일을 하나요?

과학이 발전하면서 우리의 생활은 참으로 편리해졌지요. 시원하게 음식을 보관할 수 있는 냉장고, 멀리 있는 곳에 빠르게 갈 수 있는 비행기, 깜깜한 밤을 환하게 보낼 수 있는 전구 등이 모두 과학의 발전으로 만들어진 것이랍니다. 우리가 더욱 편리하게 살 수 있도록 연구하고 개발하는 사람을 '과학자'라고 하는데 아인슈타인, 에디슨, 뉴턴 등이 대표적인 과학자예요. 우리 주변의 모든 것을 관찰하고 연구하는 사람이지요. 연구를 통해 새로운 이론을 만들어 내거나 발명하는 일을 담당하기도 합니다.

★ 무엇을 잘해야 하나요?

자연현상에 대한 호기심이 많고, 관찰능력이 있어야 해요. 오랜 시간 동안 성실하게 연구를 해야 하기 때문에 끈기와 인내가 필요하지요.

★ 어떻게 하면 될 수 있나요?

과학을 좋아해야 하고, 과학 분야의 대학이나 대학원에서 오랜 시간 공부하면서 과학자의 길을 걸을 수 있습니다. 우리나라에서는 정보과학 경시대회, 발명 교실, 과학 캠프 등으로 과학의 세계를 만날 수 있어요. 그 프로그램을 구체적으로 알고 싶다면 한국정보과학진흥협회(www.kise.or.kr) 사이트를 방문해 보세요.

곤충학자

★ 어떤 일을 하나요?

나무에서 "맴맴메에~~" 노래 부르는 매미, 들판의 메뚜기, 하늘을 나는 잠자리 등 우리 주변에는 많은 곤충들이 있어요. 이런 곤충들이 어떻게 태어나고, 살아가는지 궁금하지 않나요? 곤충들의 생활이나 습성을 연구하고 관찰하는 사람을 '곤충학자'라고 합니다. 곤충을 연구했던 파브르가 대표적인 곤충학자이지요. 곤충학자는 곤충이 알에서 깨어나고, 먹이를 먹고, 성장하는 모든 과정을 관찰하여 특징을 알아내기 위한 연구를 한답니다.

★ 무엇을 잘해야 하나요?

곤충에 대해서 잘 알아야 하고 오랜 시간 동안 연구를 해야 하므로 끈기가 있어야 해요. 곤충이 살고 있는 곳이라면 어떤 곳이든 갈 수 있는 모험심도 필요하지요. 지금부터 곤충에 대해 관심을 가지고 관찰하는 연습을 해 보세요. 개미, 파리, 모기, 장수풍뎅이, 배추흰나비 등을 우리 주변에서 쉽게 관찰할 수 있을 거예요. 그리고 자연현상에도 관심을 가지며 꾸준히 공부하고 살펴보는 습관을 기르는 것이 도움이 된답니다.

★ 어떻게 하면 될 수 있나요?

곤충에 대한 공부나 생물학 공부를 꾸준히 하면서 연구에 몰두하는 것이 중요해요. 곤충에 관한 새로운 이론을 찾아내기 위한 호기심을 계속 유지하면 훌륭한 곤충학자가 될 수 있어요. 식물과 곤충을 직접 기르면서 도감을 꾸준히 읽는 것도 도움이 되겠죠? 국가생물종지식정보시스템(www.nature.go.kr) 사이트에 들어가면 곤충학자에 대해 더욱 자세히 알 수 있어요.

생명과학연구원

★ 어떤 일을 하나요?

과학시간에 학교 주변에 있는 연못에서 물을 떠왔어요. 그리고 스포이트로 물 한 방울을 프레파라트에 떨어뜨린 후 현미경 위에 놓고 빛을 조절해 가며 물속에 들어 있는 생물들을 관찰했어요. 모양이 다양하게 변하는 아메바, 눈썹처럼 가지런한 반달말, 몸속이 훤히 보이는 물벼룩도 있어요. 물 한 방울에도 다양한 생물들이 살고 있네요. 이런 생물들에 대해 더 알아보는 직업은 어떤 것이 있을까요? 생명과학연구원은 살아 있는 생물체를 자세하게 살펴보고 연구하는 일을 담당해요. 분야에 따라 인체전문가, 동물전문가, 미생물전문가, 식물전문가 등으로 구분이 돼요. 인체전문가는 주로 사람의 유전자를 해석하고, 암과 같은 난치병을 예방·치료하는 기술을 개발하며, 의료기기와 생체재료를 만드는 기술들을 연구해요. 동물전문가, 미생물전문가, 식물전문가도 각 분야별 연구를 수행하고 농업, 의학과 같은 여러 가지 산업에 연구 결과를 응용하는 일도 담당해요.

★ 무엇을 잘해야 하나요?

생명과학연구원은 살아 있는 생명체를 과학적으로 연구하기 때문에 논리적이고 분석적인 사고력이 필요해요. 그리고 새로운 것을 발견하려는 끊임없는 호기심과 창의력, 관찰력이 있어야 하구요. 실험실에서 오랫동안 실험하고 분석하는 일이 많기 때문에 문제를 해결하려는 적극적인 자세와 끈기가 있어야 해요.

★ 어떻게 하면 될 수 있나요?

생명과학연구원이 되기 위해서는 생물학, 생물공학, 미생물학, 생명과학, 유전공학 등을 공부해야 돼요. 한국생명공학연구원(http://www.kribb.re.kr) 홈페이지를 방문하면 견학 신청을 할 수 있고 바이오 산업과 관련된 다양한 지식도 쌓을 수 있어요.

지리정보시스템(GIS) 전문가

★ 어떤 일을 하나요?

우리나라는 국토의 크기는 작지만 구석구석 아름다운 곳이 참 많아요. 지역마다 특색 있는 자연환경과 유적, 여러 가지 자원들이 있지요. 지리정보시스템 전문가는 우리나라에 있는 산, 강, 토지, 건물, 도로, 철도, 상하수도, 전기, 통신, 지하자원 등을 첨단 정보로 만드는 사람이에요. 이러한 작업은 토지이용 계획, 시설물 관리, 교통, 환경, 농업 등 다양한 분야에서 활용되고 있어요.

★ 무엇을 잘해야 하나요?

지리정보시스템 전문가는 분석력, 창의력, 판단력이 필요하고 넓은 안목에서 지리정보에 대한 예측 능력이 필요해요. 정확하고 세밀한 성격의 소유자에게 유리하며, 팀을 이루어 일하는 경우가 많아 협동심과 원만한 대인관계 능력이 필요하지요. 현재 정부에서는 국토계획, 도시계획, 사회기반시설, 환경관리, 수자원 관리 등 다양한 분야에서 지리정보시스템을 활용하고 있어요. 관련된 회사의 수가 증가하고 있고 일할 수 있는 영역도 상당히 넓어지고 있어서 지리정보시스템 전문가의 일자리는 앞으로도 계속 증가할 거예요.

★ 어떻게 하면 될 수 있나요?

지리정보시스템 전문가가 되기 위해서는 대학교 졸업 이상의 학력이 필요해요. 그리고 대학에서 대기과학, 지질학, 지구시스템과학 등을 전공하면 사회에 진출하는 데 좋아요. 지리정보를 다루는 직업인 만큼 지도와 친해져야 하는 건 당연한 일이겠지요? 국토해양부 국토지리정보원(http://www.ngi.go.kr) 홈페이지에서는 지도와 관련된 다양한 지식을 알 수 있고, 사이버 지도박물관도 볼 수 있답니다.

의사가 되려면 장기려처럼!

"첫 결심을 잊지 않고 살면 나의 생애는 성공이요, 잊고 살면 실패라고 생각한다."

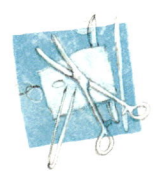

큰 수술을 마친 기려가 원장실에서 한숨을 돌리고 있을 때야.
"똑똑."
힘없이 문 두드리는 소리가 났어.
환자가 얼굴을 반쯤 내밀고 들어올 듯 말 듯 머뭇거리는 눈치야.
"어서 들어오세요."

이윽고 환자가 안으로 들어왔어.

"원장님 덕분에 나았어요. 정말 고맙습니다."

복막염으로 입원한 오 씨야. 맹장이 터진 바람에, 자칫하면 내장이 썩어 들어갈 위험한 상황이었지.

"고맙긴요. 할 일을 했을 뿐인데요."

"저기……."

오 씨는 뭔가 할 이야기가 남아 있는 것 같았어. 눈물이 그렁한 눈을 깜박거리며 제대로 말을 하지 못하는

거야.

"무슨 일이 있으신가요?"

기려가 답답해서 물었어.

"돈이 모자라서 퇴원을 못 했습니다."

'아, 입원비를 못 낼 형편이구나.'

기려는 잠시 생각에 잠겼어.

돈이 모자라서 퇴원을 못 하는 가난한 사람의 심정을 누가 알까. 고향에는 아내와 어린 자식들이 마음을 졸이며 이제나저제나 기다리고 있지 않겠는가! 가을 곡식을 위해 한창 들판에 씨를 뿌릴 봄이건만. 가장이 없다면 씨도 못 뿌리고 잡초 무성한 땅으로 버려두겠지.

기려는 환자가 돈이 없다고 사정하면,

"그래요? 나중에 돈을 벌어서 갚으세요."

그렇게 퇴원시킨 환자가 한두 명이 아니었어. 돈이 있으면서도 없다며, 기려를 속이는 환자도 생겨났지. 직원들은 답답했단다.

"원장님, 이 환자는 돈이 없는 게 아니에요. 번쩍번쩍 금 목걸이를 하고 있잖아요."

기려는 허허 웃으며 말했어.

"나도 눈이 있소. 하지만 한두 사람이 속인다고 돈 없는 환자까지 의심해선 안 되지요."

몇몇 사람들이 자신을 속인다고 해서 가난한 많은 사람들을 의심한다는 건 안 될 말이라고 생각한 거야. 기려는 복음병원을 왜 세웠는지 새삼 떠올렸어. 가난하고 헐벗은 환자를 돕자고 한 것이 아닌가.

기려가 계속 환자들의 사정을 봐 주자, 병원 직원들이 나섰어.

"원장님, 제발 병원 규칙을 따라 주세요. 담당 의사의 의견과 서무과의 확인이 없으면 마음대로 퇴원시킬 수 없습니다."

기려는 난감했어. 병원을 민주적으로 운영하던 터라, 혼자서 고집을 부릴 수도 없는 일이었거든.

'그래도 우리는 가난한 환자들보다 가진 게 너무 많잖아.'

기려는 오 씨의 귀에 대고 속삭였어.

살짝 도망가세요.
오늘 밤중에 병원 뒷문을 열어 둘 테니까.

"도망을 가라니요?"

오 씨는 깜짝 놀랐어.

"모자라는 돈을 갚으려면 일을 해야 할 것 아니오."

"고맙습니다!"

오 씨는 닭똥 같은 눈물을 소매로 훔치며 고개를 숙였어. 물론 기려가 열어 놓은 병원 뒷문으로 도망갈 수 있었지. 오 씨는 고향으로 가는 기차에 무사히 몸을 실을 수 있었단다.

　다음 날, 병원이 발칵 뒤집어졌어.

　"원장님, 환자 한 명이 간밤에 도망쳤습니다."

　기려는 놀란 척하며 대꾸했어.

　"그래?"

왜 의사가 되려 했을까?

　기려는 병실 창밖으로 시선을 돌렸어. 한 남자가 지게에 아이를 업고 병원 문으로 바삐 들어오는 광경이 보였지.

　'여자아이가 아프구나.'

　기려는 가운을 챙겨 입으며 기자를 떠올렸어. 기자의 목소리가 들려오는 듯했지. 기자는 기려의 친여동생이야.

　"오빠, 의사가 되어 꼭 내 병을 고쳐 줄 거지?"

　"그럼, 걱정 말아."

　하지만 누이동생은 얼굴이 백지장처럼 하얘지며 숨이 거칠어졌어. 그러다가 심장 발작을 일으켰지. 기자는 오빠를 붙들고 숨넘어가는 소리로 말했단다.

　"이러다가…… 죽는…… 거야?"

"……."

"오빠가 의사 공부해서 살려 줘."

누이동생은 가쁜 숨을 끝내 이기지 못하고 숨을 거두었어. 기려는 기자의 간절한 눈빛을 결코 잊을 수 없었지. 나중에 의학 공부를 하면서 알게 되었는데, 동생은 선천성 심장 판막증을 앓고 있었던 거야.

기려는 생각을 멈추고 여자아이를 진찰했어.

'내 동생이랑 많이 닮았구나.'

동글동글한 얼굴에 맑은 눈동자가 눈에 들어왔어. 아이는 울었는지 눈물 자국이 볼에 남아 있었지.

'기자야, 너랑 닮은 아이가 내 곁으로 왔구나. 마치 너를 다시 만난 것 같구나.'

아이의 팔이 퉁퉁 부어올라 있는 것으로 보아, 염증이 분명했어. 기려가 염증 부위에 수술 칼을 살짝 갖다 대자마자, 고름 덩어리가 물컹 쏟아져 나오는 거야.

아이가 인상을 찡그리며 눈을 떴어. 해맑은 눈동자를 빙글 돌리며 기려를 바라보았지. 기려는 아이를 향해 눈을 찡긋하고는, 고름을 여러 차례 정성껏 짜냈지. 소독약도 발라 주었어. 아이는 밝게 웃으며 퇴원했단다.

기려가 경성의전에 들어가기 전에 한 맹세가 있어. 경성의전에 합격하는 게 도무지 자신 없던 기려는 하느님에게 매달렸지.

하느님, 제발 경성의전에 들어가게 해 주세요.
그러면 내 동생 기자같이 의사를 한 번도 못 보고 죽어 가는
가난한 사람들을 위해 제 평생을 바치겠습니다.

첫 결심은 얼마나 오래갔을까? 무려 60년 동안이나 한 번도 꺼지지 않고, 기려의 가슴속에 활활 타올랐어. 의사가 된 첫날부터 죽을 때까지 말이야. 기려의 결심은 바위처럼 단단해서 누구도 깨뜨릴 수 없었지.

기려는 어릴 적부터 황소 같은 고집이 있었어. 한번 하기로 마음먹은 일은 하늘이 두 쪽 나도 해야 하고, 안 하겠다고 마음먹으면 단숨에 고쳤지.

어릴 적, 친구의 팽이를 몰래 훔치고 발뺌을 한 적이 있어. 그러나 크게 뉘우치고는 다신 거짓말을 하지 않았지. 아버지가 술을 많이 마시는 바람에 실수가 잦았어. 그 일로 어머니가 평생 마음 고생하는 것을 보아온 터라, 기려는 술을 입에 대지 않았지. 가난한 사람들을 위해 살겠다는 첫 결심도 죽을 때까지 버리지 않았단다.

의사의 사명은 무엇일까?

기려는 의학 전문학교를 졸업한 후에 외과학 강사로 일했어. 하지만 가르치는 의사가 아니라 치료하는 의사가 되고 싶었지. 기려는 그토록 원하던 평양 기홀병원에 도착했어. 기홀병원은 기독교 의료선교사 홀을 기념하기 위해 세워진 병원으로, 세브란스 다음으로 규모가 컸지. 기려는 병원의 외과 과장을 맡아 진료를 시작했단다.

그런데 병원 의사들이 모여서 수군거렸어.

"장기려가 박사학위 소지자라고 해서, 특별한 대우를 받는 것은 불공평합니다. 오자마자 과장 자리를 차지했잖소."

기홀병원에는 의학박사 학위 소지자가 기려 혼자였어. 기려만 빼고 모두 세브란스 의전 출신이었단다.

그해 11월에는 앤더슨 원장이 한국을 떠나면서 문제가 불거졌어. 앤더슨 원장이 기려에게 병원장 자리를 물려주고 싶어 한 거야.

"원장 자리는 박사 학위자가 맡아야 병원의 권위가 섭니다."

앤더슨 원장은 기려를 후임 원장으로 임명하고 떠나 버렸어. 기려는 난감했지. 병원 의사들은 모이기만 하면 기려를 욕했단다.

"장기려는 8개월밖에 안 되는 애송이에 불과하오. 그런 주제에 병원장이 될 수 있단 말이오?"

"장기려가 세브란스 의전 출신을 쫓아내고 자신의 후배인 경성의전 출신을 심는다고 합니다."

의사들은 흥분하기 시작했어. 세브란스 의전 출신의 의사들을 내보낸다는 말은 한 적도 없는데 말이야. 기려가 신사참배를 하라고 억지로 시켰다는 소문도 났어.

일본은 조선을 영구히 식민지화시키기 위해 사상 개조 운동을 펼쳤어. 뼛속 깊이 일본 사람처럼 생각하고 행동하기를 강요했던 거지. 그중 하나가 조선 방방곡곡에 신사를 세워 강제로 절을 하게 한 건데 이것이 신사참배야. 기독교인들은 우상숭배라며 거부하고 일제와 맞섰어. 평양 기홀병원도 기독교계 병원이라 신사참배를 거부하고 있었지.

기려는 독실한 기독교 신자이고, 일본 사람이라면 치를 떨며 싫어했어. 스승 백인제가 대전 도립 병원에 만들어 준 자리를 사양한 적도 있었지. 시설이며 월급이 꽤 좋은 자리였지만, 일본인 의사들이 많은 병원이었기 때문이야.

"일본인 밑에서는 일하고 싶지 않습니다. 저는 평양 기홀병원으로 가려고 마음을 정했습니다."

백인제는 기가 막혔어. 평양 기홀병원은 대전 도립 병원보다 시설이나 대우가 훨씬 초라한 병원이었거든. 게다가 평양은 전염병이 돌아서 의사들이 가기 꺼려 하는 곳이었어.

굳게 결심하고 선택한 기홀병원에서 이런 일이 생기다니. 기려는 한숨이 푹푹 나왔어. 병원 사람들은 여전히 수군거렸단다.

"장기려는 친일 앞잡이야."

병원을 그만둘까 하는 마음이 굴뚝같았지만, 기려는 누명을 쓴 채, 불명예스럽게 물러서고 싶지 않았어.

'내가 물러서면 모든 걸 인정하는 꼴이야.'

병원 사람들에게 따돌림을 당한 기려는 마음이 괴로웠어. 결국 기려는 원장 자리에서 쫓겨났지. 병원 측에서 과장 자리로 돌아가라고 명령한 거야. 기려는 결정에 불만이 없었지만, 사람들이 오해하고 왕따 시키는 것은 견딜 수가 없었단다.

"주님, 제 마음이 몹시도 괴롭습니다. 저를 미워하는 자들을 어떻게 해야 합니까?"

기려는 참을 수 없는 모욕에 몸을 떨며 기도하였어. 그때 맑고 깊은 목소리가 들려왔단다.

"모욕은 잠시 스쳐 지나가는 바람과 같다. 너한테 맡겨진 일에 최선을 다하라."

기려는 그 말이 하느님의 목소리로 여겨졌어. 마음을 다잡고 환자의 치료에만 전념했단다.

'의사의 사명은 직책에 있지 않고 오직 환자의 생명을 구하는 데 있다.'

기려는 왕진 가방을 들고 가난한 사람들을 찾아다녔어. 돈을 안 받는 무료

진료라서 사람들이 좋아했지. 시골 사람들이 병원을 찾아가 진료를 받기는 매우 어려웠어. 민간요법으로 해 보다가 병을 키워서 끙끙 앓다 죽어 갔단다.

"장 선생님이 오셨어요. 어서 가 보자고요."

"이미 다녀왔어요. 벌써 종기가 나았잖아요."

기려는 해가 지고 밤이 깊어도, 환자를 다 볼 때까지 진료했어. 기려가 평생토록 많은 노력을 기울인 것은 무의촌 진료야. 평양의 기홀병원에서 처음 시작해 복음병원에서 물러날 때까지 했으니까 평생 무의촌 진료를 했다고 해도 과언이 아니야.

의사에게도 창의성이 필요하다

기려가 외과의사로서 이름을 날린 것은 1943년의 일이야. 당시만 해도 간암 수술은 어떤 의사도 하지 못했어. 간암은 간에 생기는 암을 말해. 간을 부분적으로 잘라 내서 수술을 한다는 것은 생각지도 못하는 일이었단다.

1942년에 일본인 오가와 교수가 종양 수술을 시도한 적이 있어. 오가와 교수는 당시 최고의 외과 의사로 이름을 날렸지. 하지만 환자는 숨을 거두었단다.

"실력 있는 오가와도 못 하는 수술을 누가 할 수 있겠어!"

조선 의학계는 이런 분위기였어. 그래서 기려가 무모하게 간암 절제 수술을 한다고 하자 비웃었단다.

"간에 칼을 대는 무식한 의사가 어디 있어?"

기려의 생각은 달랐어.

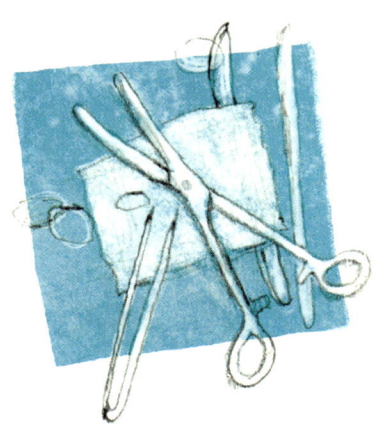

간은 한 덩어리인 것 같지만 아니다.
작은 덩어리가 몇 개 연결되어 있다.
암세포가 자라는 부분만 정교하게 잘라 내면 되지 않겠는가.
문제는 간암 절제가 매우 섬세한 솜씨를
필요로 하는 기술이라는 것이다.

기려는 1943년, 간암 절제 수술에 성공했어. 누구도 시도하지 않으려 한 일을 과감히 해냈지. 우리나라는 물론 아시아에서도 처음으로 이룬 업적이야. 기려의 학문적 창의성이 이루어 낸 위대한 성과란다.

병원 의사들이 부리는 텃세와 모욕도 사라졌어. 왕따는커녕 기려를 존경하며 도움을 청하는 사람들이 늘어났지.

기홀병원에 새로 부임한 병원장은 병원 사람들을 설득하였어.

"장기려는 누구보다 병원에서 일을 많이 합니다. 보너스를 더 주는 것이 당연한 것 아닙니까!"

사람들은 아무 말도 하지 못했어. 밀려오는 환자를 진료하고 수술하는 기려를 보면, 마치 초인처럼 느껴졌어. 심지어 자기 월급을 털어 가난한 환자를 도왔지. 그래서 집에 가져가는 월급은 매우 적었단다. 의사 아내가 삯바느질을 할 정도였으니. 기려의 집은 아주 초라했어. 이 사실을 안 병원장이 자신이 사 놓은 집을 기려에게 빌려 주기까지 했단다.

의사의 임무는 무엇일까

1945년 일제의 사슬에서 해방됐지만 그 기쁨도 잠시였어. 그토록 원하던 조국을 되찾았건만 한반도는 공산주의와 자유주의 간의 대립으로 날을 세웠지. 한반도의 북쪽은 점점 공산주의 사회로 변해 갔단다. 말 한마디 잘못했다간 목숨이 날아갈 판이었어. 의사가 아니었다면 기려도 벌써 목숨을 내놓아야 했을지 몰라.

병원은 아수라장이 된 지 오래야. 병들어 온 환자보다도 각목과 총탄에 맞은 시체들로 가득했어. 기려가 사망진단서를 떼는 일로 하루를 보내던 어느 날이었지. 김일성대학의 박일 부총장과 의과대학장 정두

현 등이 기려를 찾아왔어.

"기려 동지, 김일성대학으로 오셔서 외과학과 강좌장을 맡아 주셔야겠습니다."

기려는 핑계를 대야 했어. 이념이 다른 사람들과 섞이고 싶지 않았지.

"저는 사람들을 가르칠 만큼 실력을 갖추지 못했습니다. 사양하겠습니다."

"실력이라면 기려 동지만 한 사람이 어디 있겠소?"

"기독교 신자라서 일요일에 일하지 않습니다."

"좋아요. 일요일은 안 해도 됩니다."

기려는 더 이상 핑계 댈 게 없었어. 기려가 김일성대학의 의대 교수가 된 것은 1947년이야. 학생들은 기려를 따랐어.

하지만 기려는 고민이 많았어. 학생들을 가르치려면 체계적이고 선진화된 의학 정보가 필요한데, 자료가 부족했거든. 기려는 러시아 의학 서적을 구해서 보기 시작했어. 하지만 러시아어가 약한 기려에게는 매우 힘겨웠지. 기려는 김일성대학에 공식 휴가를 요청했어. 러시아어를 공부해서 의학책을 번역하려고 말이야.

번역이 끝나 갈 무렵인 1950년 6·25전쟁이 터졌어. 처음에는 북한군이 우세했어. 하지만 미국의 맥아더가 유엔군을 몰고 인천으로 들어오자 상황이 180도로 달라졌어. '인천 상륙 작전'이라 불리는 군사작전 때문이야. 유엔군은 승승장구 서울을 되찾고 평양까지 공격했어.

1950년 9월 16일, 미 공군기가 평양 시내의 하늘에 떴어. 그리고 병원이건, 주택가건, 거리건 무차별적으로 폭탄을 퍼부었단다.

우박처럼 폭탄이 떨어진 그날, 기려는 기홀병원 2층 수술실에서 수술 중이었어. 병원은 환자들로 가득 찼고, 환자들이 내지르는 비명 소리와 피비린내로 뒤범벅이었지. 그때 의대 병원 3층 지붕 위로 폭탄이 떨어졌단다.

펑!

3층 수술실의 천장이 심하게 흔들리면서 일부가 주저앉았어. 3층 의사들이 화들짝 놀라 기려에게 뛰어내려 왔단다.

"박사님, 수술을 계속할 수 있겠습니까? 우리까지 죽겠습니다."

기려는 의사들을 격려했어.

> 의사의 임무를 생각해 보게.
> 어느 상황에서도 환자를 포기할 순 없지 않는가.
> 어서 올라가서 수술을 계속하게나.

의사들은 환자가 기다리는 3층 수술실로 올라갔어. 기려가 밤새워 수술을 마치고도, 수술실 밖에는 400여 명의 환자들이 수술을 기다리고 있었단다.

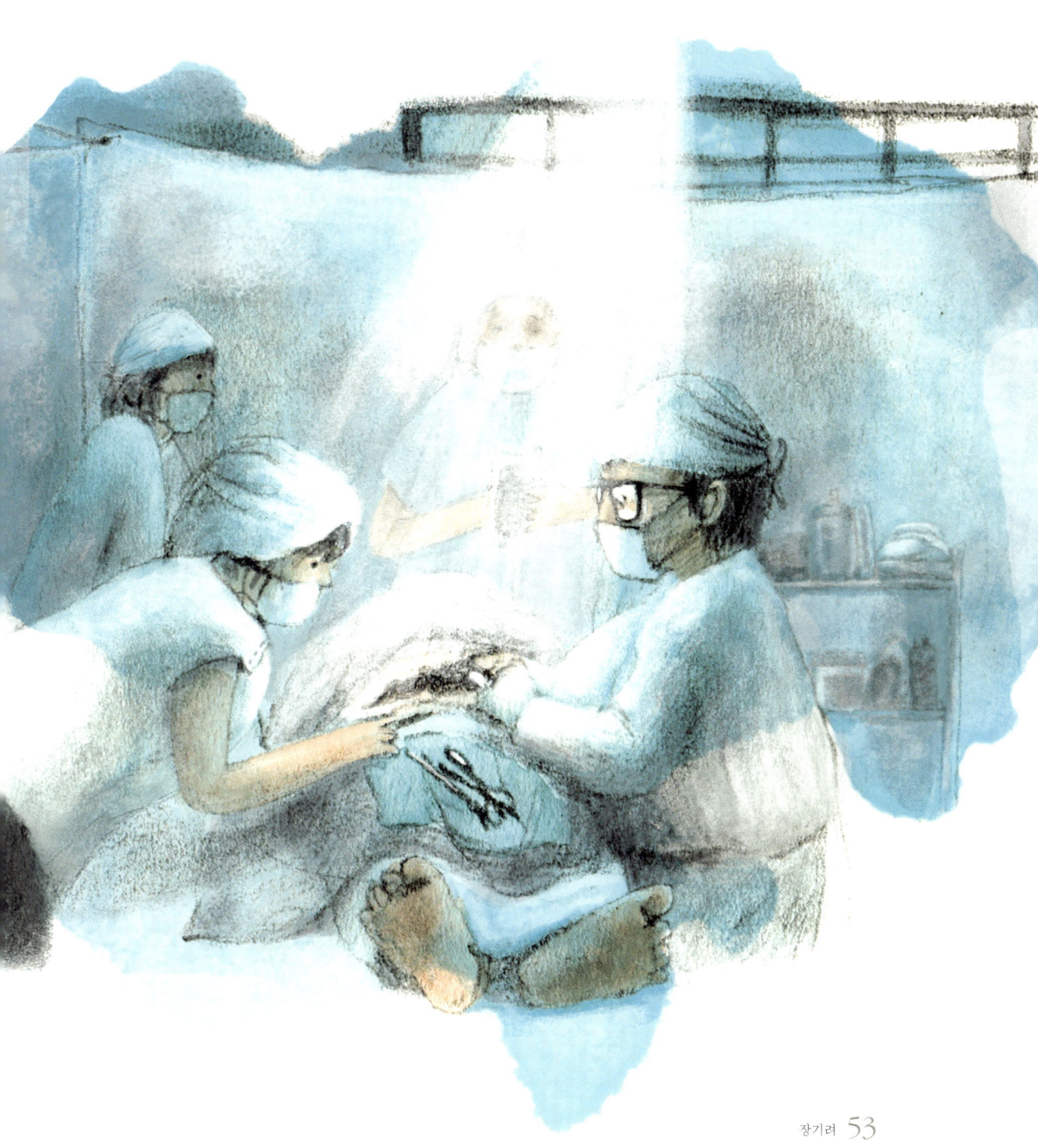

천막을 쳐서라도 환자를 받아야지요

기려는 처자식을 안전한 남쪽으로 데려가야겠다고 결심했어. 수많은 중공군이 평양으로 들이닥친다는 소문이 퍼졌으며, 전염병까지 번지고 있었지. 기려는 아들 가용을 데리고 먼저 내려가고, 나중에 아내와 어린 자식들이 내려오기로 하였지. 이것이 마지막이 될 줄은 모른 채 말이야. 나중에 휴전선이 그어지면서 가족과 영영 헤어지고 말았단다.

기려는 천신만고 끝에 서울에 도착했고 부산까지 내려갔어. 부산은 어딜 가나 피난민들로 아수라장이었지. 기려가 근무하는 국군병원에서는 군인만 치료할 수 있었어. 민간인 환자는 무섭게 늘어나는데 치료할 병원이 없는 거야. 거리 곳곳은 발에 차일 정도로 행려병자가 넘쳐났단다.

기려는 무료 진료소를 세우기로 마음먹었어.

"거리에 천막을 쳐서라도 환자를 받아야지요."

병원 이름은 '복음병원'으로 정했어. 천막 세 개를 구해 와 빈터에 치고, 환자를 받았어. 갈수록 환자가 넘쳐나서 결국 기려 혼자 감당할 수 없게 되었지. 의사가 필요했어. 마침 피난 내려온 전종휘가 기려를 돕겠다고 나선 거야. 환자들도 늘어났지만 무료봉사자도 늘어났어. 약국에서 일하는 어재선도 무료로 복음병원에서 치료를 받은 사람이야.

"돈이 없어서 치료비 대신 일을 돕겠습니다."

직원들의 월급은 미국의 개척 선교회에서 오는 500달러가 전부였어. 직원이 늘어나자 그 돈도 모자랐단다.

　기려는 궁여지책으로 방법을 생각해냈어.

　"월급은 가족 수대로 나누어 가집시다."

　결정이 내려지자, 가족이 많은 전종휘가 가장 많은 월급을 가져갔어. 기려는 식구가 두 사람뿐이라 전종휘의 5분의 1만 가져가고 말이야. 병원 운전기사와 월급이 같았단다.

　기려는 1976년까지 25년간을 복음병원 원장으로 지냈어. 1968년에 기려는 채규철 등과 함께 우리나라 최초로 청십자 의료보험조합을 세웠어. 가난한 사람들이 적은 돈을 내고도 의료혜택을 받을 수 있게 말이야. 1975년에는 의료보험조합에서 직접 운영하는 청십자병원을 세웠단다.

　사람들은 기려를 '바보 의사'라고 불러. 왜 하필 바보라고 불릴까? 복음병원의 3동 건물 옥상의 옥탑방에는 작은 문패가 달려 있어. 문패에는 '장기려'라고 쓰여 있단다. 복음병원의 병원장 사택이야. 원래는 전화교환기를 놓고 쓰던 초라한 방이었지.

　그 방은 옥탑방이 그렇듯이 여름에는 덥고 겨울에는 추운 곳이야. 기려는 이곳에서 죽기 전까지 살았어. 지금도 복음병원 3동 건물 옥탑방은 기려의 숙소로 보존되어 있단다.

　기려는 나이가 들어서도 늘 무리하게 진료를 하였어. 그러느라 몸이 쇠약해진 상태였지. 기려가 걱정이 된 제자들은 밤에 혼자 두어서는 안 된다며, 기려와 함께 잠을 잤단다.

어느 날, 기려의 옥탑방에 도둑이 들었어. 그래도 병원장이면 값나가는 물건이 있지 않을까 생각한 거지. 그런데 도둑은 뒤지다가 후회를 했단다.

'무슨 병원장 집이 이래? 가져갈 게 하나도 없네.'

그러다가 서랍장을 열어 보았어. 한복이 눈에 띄었지. 한복이 없는 기려에게, 어떤 제자가 보낸 설빔이야. 도둑은 재수 없다는 표정으로 한복을 안고 사택을 빠져나왔단다.

다음 날, 제자가 보니 도둑이 든 흔적이 보였어. 방에 신발 자국도 뚜렷이 나 있고, 물건들이 여기저기 흩어져 있었거든. 하나밖에 없는 기려의 한복도 사라졌어.

제자는 놀라 기려에게 알렸지.

"원장님의 한복 보따리가 사라졌습니다. 한복 끈만 있네요."

기려는 웃으면서 말했어.

'한복 끈도 마저 도둑에게 갖다 주게나.

끈 없이 한복을 어떻게 입누.'

제자는 어이가 없었어.

기려는 병원장이지만 월급을 가난한 사람들에게 쓰느라 집 한 채, 방 한 칸 없이 빈손으로 세상을 떠났어. 죽을 때 남긴 돈 천만 원도 자신을 돌본 간병인에게 주고 갔단다. 남긴 거라곤 낡은 풍금과 허름한 소파, 책이 전부였어.

　돈 욕심도 없고, 권력 욕심도 없고, 명예 욕심도 없는 장기려. 오직 남에게 좋은 일을 하자는 욕심만 있어서 사람들은 기려를 '바보 의사'라고 불렀단다.

장기려

1911년 8월 14일 ~ 1995년 12월 25일

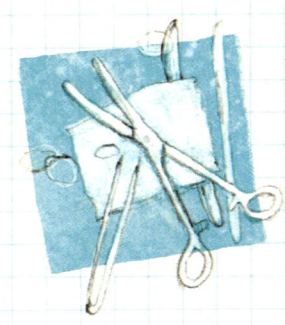

1911 평안북도 용천에서 태어났어요.

1932 경성의학전문학교를 졸업하고, 백인제 교수의 조수로 일했어요.

1940 일본 나고야대학에 논문 「충수염 및 충수염성 복막염의 세균학적 연구」를 제출하여 의학 박사 학위를 받았어요.

1943 간암 환자를 최초로 수술하였어요.

1951 부산 영도에서 교회 창고를 빌려 무료 진료소 '복음병원'을 열었어요.

1959 우리나라에서 처음으로 간 대량절제 수술에 성공하였어요.

1968 우리나라 최초의 의료보험조합인 부산 청십자 의료 협동조합을 세웠어요.

1979 막사이사이 사회봉사상을 받았어요.

1995 세상을 떠났어요.

의사가 되고 싶은 지호예요.
선생님은 "의사가 되기 전에 좋은 인간이 되라"고 말씀하셨어요.
의사로서 병 고치는 일만 잘하면 되지 않나요?

경성의전을 졸업하고 백인제 스승 밑에서 조수로 일하고 있을 때야. 하루는 후배 조수들이랑 축구 경기를 끝내고 병원으로 몰려들어 갔어. 조수들은 소독해 놓은 거즈를 꺼내어 땀을 닦고 코를 풀었단다. 사실 그러면 안 되는 일이지.

이 모습을 본 일본인 수간호사가 눈살을 찌푸리며 한 마디를 했어. 분명치는 않았지만 내 귀에는 "조선인은 저렇게 야만스러워"라고 들렸던 것 같아. 나는 일본 여자가 조선 사람을 무시한다고 느낀 거야. 그래서 언젠가 일본인 수간호사에게 앙갚음을 하리라 별렀어.

그러던 어느 날, 일본인 젊은 간호사가 침대 시트를 꿰매고 있는 게 보였어. 내가 "바느질은 나중에 하고, 그 침대 시트를 깝시다"라고 말했어. 그러고는 꿰매다 만 침대 시트를 가져와서 침대에 펼쳤지. 그러자 일본인 간호사가 얼굴이 시뻘게지며, 내가 펴 놓은 시트를 접어서 다시 가져가는 거야. 나는 화를 내며 간호사의 따귀를 세차게 때렸어. 속으로는 예전 수간호사에게 당한 수모를 떠올리면서 말이야. "수간호사는 간호사 교육을 어떻게 시키기에 저 모양이오?"라고 말해 지난날의 수모를 되갚아 주리라 생각했지. 그런데 뺨을 맞은 간호사가 몹시 붉어진 얼굴에 눈물을 그렁거리는 거야. "선생님 죄송합니다." 그제야 이성을 찾은 나는 몹시 후회가 되었단다. 수간호사에 대한 분풀이로 다른 간호사를 때리다니! 다음 날 나는 사과하기 위해 간호사를 찾아갔어. 그런데 그 간호사는 장티푸스에 걸려 전염병동에 있었어. '아, 장티푸스에 걸려 이상한 행동을 했구나.'

이 일은 나에게 커다란 깨달음을 주었어. '의사이기 전에 좋은 인간이 되어야 한다'는 것을. 사랑이야말로 의사가 지녀야 할 거룩한 덕목이란다.

허은영 선생님이 들려주는 다양한 직업의 세계

의사

★ **어떤 일을 하나요?**

감기에 걸리거나 열나고 배 아플 때 우리는 병원에 가지요. 아픈 사람(동물)의 증상을 알아내고, 몸과 마음을 돌보아 주어서 병을 낫게 하는 사람을 '의사'라고 해요.

의사는 현대 의학기술로 병을 치료하며 한의사는 동양 고유의 원리를 바탕으로 병을 치료하지요. 치과의사는 아픈 이를 치료해서 더욱 튼튼한 이를 가질 수 있도록 도와주고, 수의사는 동물이나 가축의 병을 치료해 준답니다.

★ **무엇을 잘해야 하나요?**

사람이나 동물의 아픈 곳을 치료하는 사람이기 때문에 생명을 소중하게 여기고, 사랑하는 마음을 가지고 있어야 해요. 그리고 어디가 아픈지, 어떻게 치료할 것인지를 정확하게 알아야 하기 때문에 병의 진단과 치료에 관한 지식이 필요하답니다.

★ **어떻게 하면 될 수 있나요?**

우리나라의 의사는 의과대학에서 6년 동안 공부를 해서 의사면허시험을 보아 의사가 되기도 하고 보통 4~5년을 더 공부해서 전문의 자격을 취득하기도 해요. 다른 직업에 비해 오랜 시간 공부를 해야 하지만 대신 사람을 치료하는 보람된 일을 하게 된답니다. 의사에 대해 더 알고 싶다면 대한의사협회(www.kma.org) 사이트를 방문해 보세요.

치과의사

★ 어떤 일을 하나요?

며칠 전부터 이가 아프기 시작했어요. 무섭지만 이가 너무 아파 치과를 찾아갔어요. 치과의사 선생님은 충치가 많이 생겼다고 말씀하시고 치료를 해 주셨어요. 그리고 음식물을 먹은 후에는 바로 이를 닦아야 한다고 하셨어요. 이는 우리 몸에 필요한 음식물을 소화가 잘 되도록 잘게 씹는 역할을 하기 때문에 우리 몸에서 매우 중요한 부분이지요. 앞으로는 이를 잘 닦아야겠다는 다짐을 했어요.

치과의사는 사람들이 건강한 치아를 갖도록 돕는 일을 해요. 입안의 병을 진단하기 위해 여러 가지 치과기구들을 사용하며 심한 경우 수술을 하기도 하지요. 치아를 청소하고 충치를 치료하며 치아가 많이 상한 경우 제거하기도 하고 임플란트 시술과 교정도 해요. 그리고 이가 시린 경우 적절한 치료를 하고 잇몸 염증과 치석을 제거해서 이를 건강하게 만들어요.

★ 무엇을 잘해야 하나요?

치과의사는 꼼꼼하고 정교한 손재주가 있어야 해요. 입 속에 병이 있을 경우 신속하게 판단해서 치료 결과를 분석할 수도 있어야 하구요. 그리고 환자들을 많이 만나기 때문에 환자에 대한 배려와 친절한 태도를 갖추는 것이 필요합니다.

★ 어떻게 하면 될 수 있나요?

치과의사가 되기 위해서는 치의학을 전공하고 국가자격시험에 합격해야 해요. 치과의사면허를 취득한 후에 일반수련(인턴) 1년, 전문수련(레지던트) 3년 과정을 거쳐 전문의 자격 시험에 합격하면 치과의사로 일할 수 있어요. 치과의사에 대해 더 자세하게 알고 싶다면 대한치과의사협회(http://www.kda.or.kr) 홈페이지를 방문해 보는 것도 좋답니다.

약사

★ 어떤 일을 하나요?

몸이 아플 때 병원에서 진료를 받고 처방전을 가지고 약국에 가 본 적이 있나요? 약국에서 약을 판매하거나 의사의 처방전대로 약을 조제하는 사람을 '약사'라고 해요.

약사는 의사의 처방전에 따라 약을 짓거나 판매하는 일뿐만 아니라 환자나 보호자와 어떻게 치료할지에 관한 간단한 이야기를 나누는 일도 해요. 약국이나 병원, 제약 회사에서 일을 하기도 합니다.

★ 무엇을 잘해야 하나요?

약을 판매해야 하기 때문에 약의 성분이나 효능을 잘 알아야 하고, 사람 몸에 대한 특성에 대해서도 잘 알아야 하지요. 의사와 마찬가지로 환자의 상태나 마음을 잘 이해하고 생명을 소중히 여기는 마음이 필요하답니다.

★ 어떻게 하면 될 수 있나요?

대학의 약학과나 제약학과를 졸업하고 약사국가시험에 합격한 후에 자격을 받으면 약사가 될 수 있어요. 우리나라에는 대략 20개 정도의 약학대학이 있어요. 각 대학교별로 약학, 제약학, 위생제약학 등의 명칭으로 교육이 이루어집니다. 더 자세한 사항은 대한약사회(www.kpanet.or.kr) 홈페이지를 참고해 보세요.

간호사

★ 어떤 일을 하나요?

우리가 병원에 가면 간호사를 먼저 만나게 됩니다. 병원을 들어서는 순간, 간호사는 "어디가 아파서 오셨어요? 무엇을 도와 드릴까요?" 하며 상냥한 목소리와 밝은 미소로 우리를 맞이하지요. 간호사는 개인 또는 종합병원에서 의사의 지시에 따라 환자를 돌보는 일을 하고 보건소, 학교(보건교사), 직장 등에서 공중보건을 위해 진료자로 활동하기도 합니다.

★ 무엇을 잘해야 하나요?

신체와 질병에 관한 지식을 배워야 하고 환자에게 적용할 수 있어야 합니다. 환자를 친절하게 잘 돌보아 주는 마음과 봉사정신이 필요합니다. 최근에는 간호사의 영역이 세분화되고 있어요. 수술만 돕는 간호사가 있기도 하고 응급 환자, 신생아, 여성 등 환자의 분류에 따라 업무가 나뉘기도 해요. 그렇기 때문에 자신이 원하는 분야를 알고 전문적인 특성을 파악하는 것도 중요하지요.

★ 어떻게 하면 될 수 있나요?

친구들이 아프거나 다쳤을 때 따뜻한 마음으로 돌보는 것을 좋아하나요? 그렇다면 간호사로서의 자질이 충분합니다. 간호사가 되려면 대학의 간호(학)과를 졸업하고 간호사 자격시험에 통과해야 합니다. 학원을 다니면 간호조무사 자격을 취득할 수 있는데, 이는 간호사를 돕는 일을 하게 되는 자격이랍니다.

간호사에 대해 더 궁금한 게 있다면 대한간호협회(www.koreanurse.or.kr) 홈페이지에서 알려 줄 거예요.

디자이너가 되려면 가브리엘 샤넬처럼!

"사람들은 나의 패션 스타일을 보고 비웃었지만, 그것이 성공 비결이었다."

샤넬이 남자 친구에게 승마를 배울 때의 일이야. 승마에 점점 재미를 붙인 샤넬은 편한 옷을 입고 싶었어.

샤넬은 영국인 마부에게 빌린 승마 바지를 들고 양복점에 갔어.

"이 스타일과 똑같이 만들어 주실 수 있어요?"

"남편을 모시고 오세요. 정확한 치수를 재야죠."

"제가 입을 건데요."

양복점 주인이 놀라 물었어.

"바지를 여자 분이 입는다고요? 저희 가게에서는 여자 옷을 만들어 본 적이 없습니다."

"저는 바지를 입고 말을 타야 해요."

"……"

양복점 주인은 샤넬을 이상하게 생각했어. 여자가 바지를 입고 다리를 쩍 벌려 말을 타는 것을 상상할 수 없었지. 여자들은 긴 치마에 양다리를 한쪽으로 가지런히 하고 말을 탔단다.

  샤넬은 양복점 주인에게 사정을 했어.

  "제발 만들어 주세요. 이 가게에서 만들었다고 소문 안 낼 테니까요."

  "허허, 알겠소."

  며칠 후, 승마 바지가 샤넬의 손에 들어왔어. 얼마나 편한지 하루 종일 입고 다녔지. 앉기도 편하고, 서기도 편하고, 뛰어도 다리에 걸리는 게 없었어. 샤넬은 승마 바지가 아니라 평상복으로도 바지를 만들어서 입어야겠다고 생각했단다.

목표 없는 삶은 싫어

샤넬은 가난한 집안에 태어났어. 어머니가 돌아가시자, 아버지는 샤넬을 수녀들이 돌보는 고아원에 맡겼어. 아버지는 자주 찾아오겠다고 약속했지만 단 한 번도 찾아오지 않았지. 버림받은 기억은 샤넬에게 깊은 상처를 주었단다.

> 나는 열두 살 때 모든 걸 빼앗겼다는 사실을 알았다.
> 그때 나는 죽은 것이나 다름없었다.

샤넬이 경제적으로 독립해야 하는 열여덟 살이 되자, 고아원 수녀는 바느질 솜씨가 좋은 샤넬을 의상실에 소개했어. 샤넬은 금방 단골손님을 만들 수 있었지. 나중에는 의상실을 차려서 단골을 더욱 늘려 나갔어. 하지만 다른 곳에 한눈이 팔려 있었지. 가수가 되어 무대에서 노래를 부르고 싶어 했단다.

샤넬이 가수로 활동하다 사귄 남자가 에티엔 발장이야. 에티엔은 부유한 집안에서 태어나 막대한 유산을 물려받아서 매우 부자였어. 고아 출신인 샤넬과는 하늘과 땅 차이였지.

샤넬은 에티엔 덕분에 귀족들의 화려한 파티를 즐길 수 있었어. 돈

걱정 없이 날마다 맛있는 음식에, 멋진 말을 타고 놀았지. 하지만 샤넬은 귀족들이 앉는 자리에는 갈 수 없었어. 멀찍이 떨어져 앉아야 했지. 샤넬은 귀부인들을 바라보며 이런저런 생각이 들었단다.

'저들은 다만 운이 좋았을 뿐이야. 태어날 때 부모를 잘 만났잖아.'

이런 생각도 들었어.

'귀족들이 부유하게 산다고 행복하고, 내가 가난하다고 하여 불행한 건 아니야.'

샤넬은 놀고먹는 귀족들이 한심해 보였어.

'세상에 가치 있는 일은 얼마든지 있어. 목표가 없다면 살아 있어도 죽은 목숨이나 마찬가지야.'

샤넬은 누구한테 의존하는 삶이 아니라, 주체적인 삶을 살아가고 싶었어. 샤넬은 갈수록 말수가 줄어들었고, 별장에 틀어박혀 모자를 만드는 시간이 늘어났지.

당시 여자들은 모자를 꼭 써야 했어. 모자를 안 쓰면 예의에 벗어나는 행동으로 여겼지. 모자는 멋을 잔뜩 부려서 화려함을 뽐냈는데, 넓은 차양 위에 꽃, 과일 모양의 장식을 얹었지. 심지어 새의 둥지를 얹기도 했어. 여자들의 목을 짓누를 정도였단다.

손재주가 좋은 샤넬은 모자를 자신이 원하는 스타

일로 만들어 쓰고 다녔어. 화려한 장식물을 떼고 차양을 짧게 하여, 단순하면서도 세련된 느낌을 주었단다.

"어때, 이 모자? 내가 만든 거야."

"코코, 정말 직접 만들었단 말이야? 나도 만들어 줘."

사람들은 샤넬이 만든 모자를 보고 깜짝 놀랐어. '코코'는 사람들이 샤넬을 부르던 별명이야. 귀부인들은 너도나도 모자를 만들어 달라고 부탁했어.

"코코, 모자 2개 주문할게."

"나는 3개야."

샤넬은 깜짝 놀랐어.

'내가 만든 모자가 인기가 있다니! 내가 루이즈 고모의 피를 이어받은 걸까?'

샤넬은 루이즈 고모가 떠올랐어. 어릴 적, 고아원이 방학을 하면 루이즈 고모 집에 가서 지냈지. 답답한 고아원에서 벗어날 수 있는 유일한 탈출구였단다. 루이즈 고모는 뭐든 만드는 것을 좋아했는데, 언제나 사온 모자를 그냥 쓰는 법이 없었어. 고모는 자르고 깁고 장식을 더해 새로운 모자로 탈바꿈을 시키곤 했지.

루이즈 고모는 완성된 모자를 쓰고 묻곤 했어.

"샤넬, 감쪽같이 달라졌지?"

"와, 너무 예뻐요."

샤넬은 고모를 통해 깨달았어.
'디자인은 틀에 박힌 것이 아니야. 어떤 변화도 줄 수 있구나.'
자신이 고모의 마술 같은 재주를 닮았다는 게 기분이 좋았어.
샤넬은 모자를 본격적으로 만들어 팔아 볼까 궁리했어. 하지만 에티엔은 시큰둥한 표정을 짓는 거야.
"샤넬, 돈이라면 나한테 많이 있어. 왜 벌려고 해?"
"일을 하고 싶어. 하루하루 목표 없이 사는 게 힘들다구."
에티엔은 샤넬을 이해할 수 없었어.
에티엔과 달리 보이 카펠은 전혀 달랐어. 보이 카펠도 샤넬의 남자 친구야.
"파리 같은 큰 도시에서 모자 사업을 하는 게 어떻겠소?"
"잘할 수 있을까요?"

"샤넬의 재주라면 성공할 거요."

샤넬은 자신에게 용기를 주는 카펠에게 믿음이 갔어.

활동하기 편한 것이 가장 좋은 디자인

1909년 봄, 스물여섯 살의 샤넬은 파리로 갔어. 빌린 아파트에서 모자를 만들었는데, 불티나게 팔려 나갔지. 나중에는 밀려드는 주문을 감당할 수 없었단다.

샤넬의 머릿속은 하루에도 수천 가지 아이디어로 꽉 차 있었어. 아이디어를 소화할 줄 아는 유능한 재봉사가 필요했지. 귀부인들이 많이 다니는 의상실에 뤼시엔이라는 재봉사가 있다는 것을 알아냈어. 뤼시엔과 함께 일하면서 작업 속도가 빨라졌어. 모자 주문을 더 많이 받을 수 있었지. 모자는 파리의 멋쟁이들에게 입소문이 나기 시작했단다.

"이 모자 어디서 샀어? 카미유 마르세한테?"

당시에도 유명한 모자 디자이너들이 있었어. 카미유 마르세뿐만 아니라 조르제트, 수잔느 탈보 등이 만든 모자가 인기 있었지.

"이름 없는 모자 디자이너야. 가게도 없어. 그냥 살고 있는 아파트에서 팔더라구."

사람들은 누가 이런 모자를 만드는지 궁금해 했어. 털 장식도, 꽃 장식도, 벨벳 리본 장식도 없는 수수한 디자인이지만 마음을 끄는 매력이 있었지. 소문을 들은 사람들이 하나, 둘 아파트로 찾아왔단다.

사람들이 몰리자 비좁은 아파트보다 큰 가게가 필요했어. 샤넬은 투자자를 찾아 동분서주했지만, 아무도 도와주지 않는 거야. 그때 카펠이 구원투수처럼 나섰어.

"은행에 알아보았소. 내가 보증을 서면 돈을 빌릴 수가 있어요."

"고마워요."

샤넬은 자신을 도와준 카펠에게 사랑을 느꼈어. 하지만 신분의 벽은 뛰어넘질 못했어. 카펠은 유명 인사들이 참석하는 공식적인 파티나 모임에는 샤넬을 데려가질 않았던 거야.

'카펠은 왜 나를 연인이라고 사람들에게 말하지 못할까?'

샤넬은 서운했어. 신분제도가 무너져 가고 있었지만 여전히 보이지 않는 차별이 있었지. 샤넬은 기분이 우울할 때면 일에 매달렸어. 밤을 꼬박 새우며 자신의 머릿속에 넘치는 아이디어를 작업에 쏟았단다.

드디어 샤넬은 파리의 캉봉 거리 21번지에 모자 가게를 열었어.

'샤넬 모드'

모자 디자이너로 이름을 날린 샤넬은 옷을 만들어 팔아 보리라 생각했어. 장소가 문제였어. 어디에 의상실을 내야 옷이 잘 팔릴지 고민이 되었지. 사업을 돕기로 한 카펠이 말했단다.

"코코, 도빌이 어떻겠소?"

"도빌이라면 파리 사람들이 가는 휴양지 아닌가요?"

"맞소."

둘은 도빌에 가 보기로 했어. 파리하고 분위기가 사뭇 달랐지. 해변가에는 별장들이 즐비했고 휴가를 즐기려는 사람들로 가득했어. 그런데 휴가를 온 사람들의 복장을 보고 샤넬은 놀랐어. 드레스를 질질 끌고 모래사장을 다니는 거야. 옷이 물에 젖을까 봐 조심조심 걸어 다니는 꼴이 너무 우스꽝스러웠단다.

"카펠. 여자들은 휴양지에 와서도 숨을 못 쉴 정도로 허리를 동여맸어요."

"옷차림은 자신의 신분을 나타내니까."

"바보 같은 행동이에요. 휴양지에서라도 옷차림이 편해야 해요."
 샤넬은 여자들을 자유롭게 해 주고 싶었어.
 당시에는 여성은 허리가 잘록하고 엉덩이는 풍만해야 아름답다고 여겼어. 여자들은 예쁘게 보이려고 허리를 꼭 조여야 했는데, 그러기 위해서 코르셋이란 도구가 필요했지. 하녀들도 여주인의 허리를 단단히 매어 주는 게 중요한 일 중의 하나였단다.
 단단한 고래뼈로 만든 코르셋은 보기에도 숨이 막힐 지경이었어. 하지만 상류층의 여성들은 누구나 입었어. 귀부인들은 겉옷을 입기 전에 코르셋을 입고 긴 속바지, 그 위에 속치마, 그 위에 몇 겹의 속치마를

입었으니! 게다가 치맛자락은 바닥을 쓸고 다닐 정도로 치렁치렁했단다. 이렇게 안 입으면 예의에 어긋나는 일이라고 여겼으니까.

> 갑옷처럼 생긴 코르셋 때문에
> 여성들은 숨이 컥컥 막힐 지경이지 않는가.
> 여성들은 자유롭게 움직이지 못하고
> 하인이나 남자에게 의존하도록 만드는 그런 옷 안에 갇혀 있다.

샤넬은 이런 유행을 비웃었어. 샤넬에게 옷은 멋보다는 활동하기에 얼마나 편한가가 더 중요했으니까. 아무리 멋있고 세련된 옷이라도 자신의 몸을 불편하게 하는 옷이라면 입을 가치가 없다고 생각했지. 그래서 샤넬은 자기가 입어 본 뒤 불편한 부분은 솔기를 뜯어 몇 번이고 고쳤지. 고치고 또 고쳐서 활동하기에 편한 옷을 탄생시켰단다.

샤넬은 도빌에 의상실을 열었어. 막내고모 아드리엔과 여동생 앙투아네트도 불러서 함께 일하자고 했지.

"고모, 옷을 알리려면 우리가 입고 다녀야 해요."

세 사람은 옷을 차려입고 사람들이 많은 곳을 찾아 돌아다녔어. 다리가 퉁퉁 붓도록 말이야. 옷은 불티나게 팔렸어. 샤넬은 이젠 파리와 도빌을 바쁘게 오가는 사업가가 되었단다.

디자인은 고정 관념을 깨뜨리는 것

1914년 제1차 세계 대전 중이었어. 남자들은 전쟁터에 끌려가서 죽거나 행방불명이 되어 돌아오지 않았지. 여자들이 나서서 가정을 이끌어 가야 할 형편이었어. 여성들이 밖에 나가 일해야 하는 시대가 온 거야.

전쟁 중에도 사업은 잘되었어. 샤넬은 주문을 대느라 눈코 뜰 새 없이 바빴단다.

"코코, 주문이 밀려드는데 옷감이 없어서 어떻게 하죠?"

샤넬은 프랑스에 있는 섬유 회사를 모조리 찾아다녔어. 하지만 전쟁 중이라 옷감을 구할 수 없었단다. 한참 만에야 문을 닫지 않은 섬유 회사를 한 군데 찾았어. 창고에는 '저지'라는 옷감이 잔뜩 쌓여 있었지. 당시에 저지는 남성용 속옷과 운동복의 옷감으로 사용됐단다.

'이 옷이라면 여자들이 일을 할 때 편하겠군.'

샤넬은 만족스런 미소를 지었어.

"사장님, 여기에 쌓여 있는 옷감을 모두 사겠어요."

"구김이 많은 저지를 어디에 쓰시려고요?"

"여성복을 만들려고요."

샤넬은 의상실로 옷감을 가져왔어. 그러자 재봉사들이 옷감을 보고 놀라는 거야.

"샤넬, 여성 옷에 저지라니요?"

"저지는 올이 가늘고 축 늘어져서 바느질하기가 어려워요."

샤넬은 직접 저지로 옷을 만들기로 했어.

'저지로 만든 셔츠에 저지로 만든 반코트, 아래는 주름 넣은 치마를 만들자.'

치마 길이는 활동하기 편하게 종아리까지 오게 했어. 오늘날까지도 '샤넬 라인'이라 불린단다. 그런데 허리 부분을 바짝 조여 박음질하는 게 쉽지 않았어. 올이 풀리고 작업도 매우 어려웠지. 할 수 없이 허리끈을 만들어 느슨하게 묶기로 했단다.

"어때요?"

"저지로도 멋진 옷을 만들 수 있다니! 놀라워요."

직원들은 입을 다물지 못했어. 이 스타일이 세계적으로 유명해진 '샤넬 슈미즈 드레스'야. 이 옷은 자연스럽게 여성의 몸매를 드러내 보였는데, 날개 돋친 듯 팔려 나갔어. 1920년대와 1930년대에 크게 유행했단다.

유명한 패션 잡지인 『하퍼스 바자』는 샤넬을 칭찬하고 의상을 소개했어.

> 샤넬 의상을 최소한 한 벌이라도 가지고 있지 않으면 유행에 뒤처져 있는 여성이다.

1920년대 여성이라면 누구나 저지 옷을 한 벌쯤 가지고 있었다는 이야기야.

샤넬은 카펠에게 빚진 돈을 다 갚고도 부자가 되었어. 누구나 부러워할 만한 사회적인 지위를 얻고 말이야.

하지만 샤넬은 그리 행복하지 못했어. 카펠이 샤넬과 결혼하지 않고 다른 영국 귀족을 선택했기 때문이야. 그 뒤 카펠은 자동차 사고로 숨졌어. 사랑하는 사람을 잃은 샤넬은 침실을 검은색으로 바꾸고, 한동안 밖으로 나오지 않았어. 1920년에는 함께 사업을 도와주던 여동생 앙투아네트도 죽었단다.

왜 꽃향기만 향수로 쓸까?

소중한 사람들을 잃은 샤넬은 슬픔을 달래려고 일을 했어. 이 중에 향수를 만들겠다는 계획이 있었단다. 모자와 옷으로 성공한 샤넬은 향수로도 성공을 거두고 싶었던 거야.

샤넬은 향수를 제작하는 조향사를 만났어. 바로 에르네스트 보야.

"향수 시장에서 새로운 바람을 일으키고 싶어요."

"어떤 향수를 원합니까?"

"시간이 지나도 향이 오래 남았으면 해요."

"또요?"

"특정한 꽃향기가 아니라, 추상적인 향이 났으면 좋겠어요."

보는 샤넬의 마음을 알아챘어. 그때까지의 향수는 꽃이나 과일 향기로밖에 표현할 수 없었거든. 장미꽃이나 오렌지 같은 향기를 사용했기 때문에 사람들은 빨리 싫증을 냈어. 게다가 향기가 금세 날아가 버린다는 것이 큰 문제였지.

"제가 한번 만들어 보죠."

"견본 여러 개를 만들어 보세요. 제가 선택할게요."

즉시 에르네스트 보는 조향 작업에 들어갔어. 보는 향수의 도시로 유명한 프랑스 남부 그라스산의 재스민과 5월의 장미를 채취했어. 코모로산의 일랑일랑과 레위니옹 섬의 베티버 등도 말이야. 하지만 향기가 강했기 때문에 균형을 잡아 줄 성분이 필요했어.

'향은 좋은데 너무 자극적이야.'

에르네스트 보는 연구를 거듭했어.

'합성향료 알데히드 세 종류를 첨가해 볼까.'

그러자 은은하면서도 지속력이 뛰어난 향수가 완성되었어. 이 향수

에 견본 번호 5번을 매겼단다. 이 밖에도 여러 개의 견본 향수를 만들어 번호를 매겼지.

이제 샤넬에게 선보일 차례야. 샤넬은 1번부터 차례대로 향수를 맡아 보았어. 5번 향수 차례가 되었지. 샤넬은 신비한 향에 빠져들었단다.

"5번 향수는 이 꽃도 저 꽃도 아닌 묘하게 끌리는 향이 나네요. 장미 향 같기도 하고. 재스민 향 같기도 하고."

보는 미소 짓기만 했어. 5번 향수를 만들 때, 보는 수십 가지의 꽃향기를 한데 섞었기 때문이야.

샤넬은 다른 견본도 모두 맡아 보았어. 마침내 샤넬은 보에게 말했단다.

"5번을 택하겠어요."

5번 향수를 뽑은 또 하나의 이유는 향기가 오래 지속된다는 점이야.

1921년 5월 5일에 샤넬은 5번 향수를 발표하기로 했어. 하지만 향수 이름이 문제였지.

"견본 번호대로 '샤넬 넘버 파이브(N° 5)'가 어때요?"

직원들은 모두 샤넬의 의견에 반대했어.

"향수는 낭만적이고 우아한 이름으로 불러야지요."

당시 향수 이름에는 온갖 낭만적이고 화려한 말이 붙었거든.

'4월의 미소', '봄의 욕망', '잔네트의 마음' 따위였어.

에르네스트 보도 반대를 했어.

"견본 번호를 그대로 쓰는 건 촌스럽습니다."

샤넬은 낭만적이라 불리는 이름이 촌스러웠어.

"난 좋은데요. 다른 향수들과 확실히 구별되잖아요."

샤넬은 다른 사람들과 생각이 달랐어. 단순한 이름이 최고라고 여겨졌지.

샤넬은 병 모양도 사각형으로 선택했어. 자신이 갖고 있던 여행용 남성 화장품에서 힌트를 얻은 거야.

"딱딱한 사각형 병 모양은 사람들에게 외면당할 거예요."

이번에도 직원들이 반대했어.

"요란한 장식보다는 단순한 게 제품을 돋보이게 해요."

샤넬은 자신의 생각대로 밀고 나갔어. 결국 사각형의 투명한 병에 검은색으로 '샤넬(CHANEL)'이란 글자를 또렷이 새긴 디자인으로 결정했지. 그래서 탄생한 게 '샤넬 넘버 파이브(N° 5)'야. 향수 제조는 화장품 회사를 소유한 베르트하이머 형제에게 맡겼어.

직원들은 '샤넬 넘버 파이브'를 어떻게 사람들에게 알려야 할지 고민했지. 샤넬이 말했어.

"단골손님들에게 샘플을 나눠 주세요."

직원들은 가게를 찾아오는 단골손님들에게 샘플을 나눠 주고 기다렸어. 어떤 반응이 올지 말이야. 샤넬은 의상실 곳곳에도 향수를 뿌리게 했어. 그러자 상점을 방문하는 손님들이 물었단다.

"무슨 향이에요? 독특하고 매력 있네요."

"신제품입니다. 이 향수 한번 뿌려 보실래요?"

이윽고 단골손님들이 찾아왔어.

"샘플로 준 향수를 사고 싶어요."

"샤넬 넘버 파이브 말이죠?"

"이름도 독특하군요."

입소문을 들은 파리의 멋쟁이들은 하나, 둘 샤넬 모드로 몰려들었어. 남자들도 몰려들어 왔지. 사랑하는 여자에게 선물로 주기 위해서야. 여성용품 가게에 남자들이 줄을 서서 차례를 기다리는 진풍경이 생겨났단다.

> 향수가 패션이 되었다.
> 멋쟁이라면 누구나 옷을 다 입은 뒤에
> 마법의 향인 샤넬 넘버 파이브를
> 한두 방울 몸에 발랐다.

검정 옷이 어때서?

샤넬은 언제나 새로운 디자인을 찾는 데 몰두했어. 화려한 장식을 곁들이지 않고도 여성의 아름다움을 나타내는 디자인 말이야.

'어떻게 하면 여성의 아름다움을 돋보이게 할까?'

샤넬은 검은색 원피스를 선보이기로 했어. 검은색이 사람의 피부를 투명하고 맑게 보이게 하는 효과가 있다고 생각했지. 몸매를 날씬하게 보이게 하고 말이야.

"말도 안 돼요. 어떻게 어둡고 칙칙한 색깔로 원피스를 만들어요?"

이번에도 직원들이 펄쩍 뛰었어. 사람들이 꺼려 하는 색깔로 옷을 만들다니! 아무도 검은색으로 여성 의상을 만들어 본 적이 없었거든. 직원들은 샤넬이 정신이 나갔다고 생각한 거야.

샤넬은 웃으며 말했어.

가브리엘 샤넬

"검은색은 절대 우울한 색이 아니에요. 오히려 화려한 색이죠. 검정은 모든 색을 품고 있어요. 두고 보세요. 오히려 사람들의 시선을 끈다고요."

하지만 샤넬이 살던 시대에는 검은색 옷은 장례식에 갈 때 입는 옷으로 생각했단다.

"앞이 파인 원피스를 입고 장례식에 가란 말이야?"

"샤넬은 여성들을 초라하게 하는 옷을 만드는군."

사람들은 비웃었어. 하지만 샤넬은 자신이 만든 검정 원피스를 직접 입고 패션쇼를 열었단다. 이것이 유명한 '리틀 블랙'이라 불리는 원피스야.

미국의 패션 잡지 『보그』는 샤넬의 검정 원피스에 주목했어. 당시에 가장 인기 있고 잘 팔리는 '포드 자동차'에 견주었단다.

> 샤넬이 만든 '포드'를 소개합니다.
> 샤넬이 선보인 검정 원피스!
> 곧 전 세계가 이 옷을 입을 것입니다.

그 말이 맞아떨어졌어. 원피스는 전 세계로 날개 돋친 듯이 팔려 나갔지.

1939년에는 제2차 세계 대전이 일어났어. 샤넬의 조국 프랑스도 독일 차지가 되었고 샤넬도 급기야 의상실 문을 닫아야 했단다.

1954년, 샤넬은 다시 의상실 문을 열었어. 나이 일흔한 살 때의 일이야. 얼굴은 쭈글쭈글해진 할머니지만, 눈빛은 여전히 살아 있었지. 그 나이에도 새로운 의상을 선보이며, 세계 사람들의 뜨거운 관심을 받았어.

1957년에는 21세기의 가장 영향력 있는 디자이너에게 주는, 패션 오스카상을 받았단다. 샤넬은 평생 동안 디자인을 손에서 놓지 않았던 거야.

가브리엘 샤넬

Gabrielle Chanel
1883년 8월 19일 ~ 1971년 1월 10일

1883 샤넬은 프랑스 소뮈르에서 태어났어요.

1895 어머니가 세상을 떠나자 고아원에 보내졌어요.

1902 '상트 마리' 의상실에 취직했어요.

1907 에티엔 발장을 만나 승마를 배우면서 승마바지를 만들어 입었어요.

1910 파리에 모자 가게를 열었어요.

1916 저지로 여성옷을 만들어 크게 유행시켰어요.

1919 메종 샤넬이라는 큰 의상실을 열었는데, 지금도 파리에 있어요.

1921 샤넬 넘버 파이브(N° 5)라는 향수를 만들어 성공했어요.

1924 인조 보석으로 장신구를 만드는 작업실을 열었어요. 여성들은 누구나 값싼 장신구로 멋을 낼 수 있었어요.

1926 '리틀 블랙'이라 불리는 원피스를 유행시켰어요.

1954 15년 만에 의상실을 열어 새로운 패션을 선보였어요.

1957 패션 오스카 상을 받았어요.

1971 여든일곱 살로 세상을 떠났어요.

샤넬 선생님, 커서 디자이너가 되고 싶은 단비예요. 인형에게 옷을 만들어 줄 때가 가장 행복해요. 디자이너가 되기 위해서 가장 중요한 것은 무엇일까요?

1954년, 오랫동안 닫은 의상실을 열었어. 그때가 내 나이 일흔한 살이구나. 사람들은 다 늙은 나이에 일을 하려고 하느냐고 모두 말렸지. 하지만 나는 항상 아무것도 하지 않는 것보다 뭔가 해서 실패하는 편이 낫다고 생각했단다.

일을 하기로 마음먹은 이유가 또 있어. 여성들에게 편안한 옷을 입을 수 있는 자유를 주고 싶었지. 당시 유행은 여성들의 허리를 꽉 조이고 아주 풍성한 스커트가 발목까지 치렁치렁 드리워지는 스타일로 다시 돌아온 상태였지. 크리스티앙 디오르가 유행시킨 '뉴 룩' 패션이란다. 나는 '뉴 룩'에 맞서, 새로운 스타일을 내놓았어. 하지만 보기 좋게 외면당했어. 의상 평론가조차 대놓고 조롱했지. 보통 사람이라면 이런 비판에 의기소침해져 절망했을 거야. 하지만 나는 그러지 않았단다. 다음에 선보일 의상을 준비하며 기회를 노렸어. '뉴 룩'처럼 불편한 옷은 언젠가 인기가 시들해질 거라는 것을 알고 있었거든. 아니나 다를까 내 예상이 맞아떨어졌어. 여성들은 몸매를 과장되게 드러내는 옷에 싫증 내기 시작했어. 나는 새로운 스타일을 선보였어. 옷에 갇혀 살지 않는 편안하고 활동적인 패션을 말이야. 옷에서 풍기는 아름다움과 우아함도 곁들였지. 젊든 늙든 누구에게나 어울리는 의상을 세상에 내놓았단다. 미국의 『라이프』지는 나를 두고 이렇게 말했어.

"71세의 샤넬은 패션 이상의 것을 창조하고 있다. 그것은 혁명이다."

디자이너가 되기 위해 결코 잊지 말아야 할 것은 실패를 두려워하지 않는 정신이야. 누구나 실패할 수 있어. 실패 속에서도 중요한 교훈을 얻겠다는 마음가짐이 중요하단다.

Chanel chemise dress

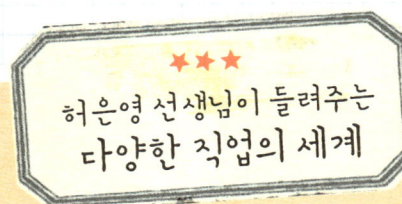

캐릭터 디자이너

★ 어떤 일을 하나요?

여러분은 어떤 캐릭터를 좋아하나요? 캐릭터 디자이너는 각종 팬시 사업의 캐릭터, 애니메이션, 게임, 인기 연예인들의 특징적인 캐릭터를 창조하여 이를 장난감, 문구류 등 다양한 상품에 활용, 디자인하는 일을 담당해요. 인기 있는 만화, 영화 등의 캐릭터를 활용하거나 새로운 캐릭터를 만들기도 하지요.

★ 무엇을 잘해야 하나요?

캐릭터 디자이너는 사물에 대한 주의 깊은 관찰력과 데생 능력 등 기본적 미적 감각이 있어야 해요. 독창적이면서도 개성이 살아 있는 캐릭터를 창조할 수 있는 힘 즉, 창의성, 상상력, 기발한 발상 능력 등이 필요하답니다. 컴퓨터 그래픽에 대한 지식을 가지고 있어야 하며, 변화하는 사회의 트렌드를 재빠르게 파악하고 새로운 캐릭터에 반영할 수 있는 능력도 캐릭터 디자이너로 일하는 데 큰 도움을 주지요.

★ 어떻게 하면 될 수 있나요?

캐릭터 디자이너가 되기 위해서는 전문대학이나 대학교의 산업디자인 관련 학과를 졸업하는 것이 유리해요. 산업디자인진흥원에서 주관하는 캐릭터 디자인 양성 프로그램이나 사설 디자인, 애니메이션 전문 학원에서 캐릭터 디자이너가 되기 위한 훈련을 받을 수 있어요.

캐릭터디자이너협회(http://www.kocda.org)에서 주관하는 어린이캐릭터 아카데미가 열릴 때 참여하는 것도 도움이 될 수 있어요.

패션 디자이너

★ 어떤 일을 하나요?

요즘 친구들은 옷에 대해 관심이 많아요. 집에 있는 안 입는 옷을 재봉틀로 수선해서 예쁜 옷을 만드는 친구도 있지요. 어떤 친구들은 집에서 귀엽고 특이한 옷을 디자인하기도 하구요. 이런 재능을 가진 친구들은 어떤 일을 하면 좋을까요? 패션 디자이너는 옷감, 가죽, 비닐 등 여러 가지 소재로 남성복, 여성복, 아동복, 속옷 등의 옷을 디자인해요. 계절이 시작되기 6개월 전부터 해외의 패션 흐름을 분석하고, 시장 조사를 거쳐서 계절에 맞는 상품을 기획하는 것도 패션 디자이너의 일이에요. 이때 소비자의 성별과 연령, 체형 등을 고려해서 디자인을 해요.

디자이너가 그린 그림은 옷을 만드는 작업장으로 보내져서 견본 옷으로 제작되고, 견본 옷을 입어 보는 모델을 통해 옷의 착용감 등을 파악한 후 디자인을 수정해서 실제 제작에 들어가요.

★ 무엇을 잘해야 하나요?

패션 디자이너는 창의성과 색채 감각, 조형미, 미적 감각, 유행 감각 등을 갖추고 있어야 해요. 또한 디자인, 의복에 대한 지식뿐만 아니라 사회학, 심리학에 대한 기본 지식이 필요해요. 그리고 함께 작업하는 경우가 많기 때문에 협동하는 마음자세가 필요하고 강한 체력과 인내심이 있어야 한답니다.

★ 어떻게 하면 될 수 있나요?

전문대학이나 대학교에서 의상디자인학, 의류(의상)학 등을 전공하거나 사설 교육 기관에서 패션 디자인, 의류 제작에 대한 교육을 받고 패션 디자이너로 진출하는 것이 일반적이에요. 패션 디자이너에 대해 더 알아보고 싶다면 한국디자인진흥원(http:// www.kidp.or.kr) 홈페이지를 방문해 보세요.

인테리어 디자이너

★ 어떤 일을 하나요?

인테리어 디자이너는 주택, 사무실, 상가 건물의 내부 환경을 기능과 용도에 맞게 설계하고 장식을 해요. 고객과 충분한 협의를 거쳐 건물의 목적과 기능, 예산, 건축형태 등을 파악해서 디자인을 한답니다. 공간의 구조, 가구나 시설의 배치, 색상 등을 정하면 그에 맞게 동선, 색채, 조명에 대한 계획을 세우고 가구와 장식품, 조명기구 등을 선정해요. 디자인이 완성되면 세부 도면을 만들어 건축가에게 전달하지요.

★ 무엇을 잘해야 하나요?

인테리어 디자이너는 창의적인 사고와 미적 감각, 색채 감각, 공간 지각력, 사물에 대한 관찰력이 있어야 해요. 밤늦게까지 일하는 경우가 많기 때문에 체력도 좋아야 하고 팀을 조직하고 관리할 수 있는 리더십도 있어야 돼요. 그리고 여러 분야의 전문가들과 공동 작업을 하고 의견을 조율해야 하기 때문에 원활한 인간관계를 유지할 수 있어야 해요.

★ 어떻게 하면 될 수 있나요?

전문대학이나 대학교에서 실내디자인과, 실내건축과, 인테리어디자인과 등 관련 학과를 졸업하면 인테리어 디자이너가 되기 위해 필요한 지식을 빨리 습득할 수 있어요. 직업전문학교, 사설학원 등을 졸업한 후에 진출하는 사람들도 있지요. 한국산업인력공단의 실내건축기사, 실내건축산업기사, 실내건축기능사 자격증이 있으면 인테리어 디자이너로 일하기가 쉽답니다. 이 직업에 대해 더 많은 것을 알고 싶다면 한국실내건축가협회(http://www.kosid.or.kr)의 홈페이지를 방문해 보세요.

도시계획가

★ 어떤 일을 하나요?

요즘 '복합도시 개발', '행복도시 개발'이라는 말이 자주 나와요. 서울이나 부산 같은 도시가 또 생긴다는 말인데, 이런 도시들은 어떻게 만들까요? 도시계획가는 신도시나 기존 도시의 특정 단지 재개발과 관련하여 도시와 단지를 계획하고 설계하는 일을 해요. 그 지역의 인구, 상하수도, 도로, 의료, 교육, 유적, 공장 등의 환경과 지리적 위치, 지형, 기후 등의 자연환경을 조사하고 분석해서 도시계획을 세워요. 확정된 계획안은 사회 각계의 전문가와 협의해서 수정을 한 후 도시를 개발하게 됩니다.

★ 무엇을 잘해야 하나요?

도시계획가는 넓은 안목을 통한 분석적인 사고능력과 공간지각력, 사물을 분류하는 능력이 필요해요. 또 자연환경과 인문환경에 대한 폭넓은 지식이 있어야 하지요. 그리고 여러 분야의 사람들과 의견을 조율하거나 팀으로 일하는 경우가 많기 때문에 협동심과 자기통제력, 원만한 대인관계가 필요해요.

★ 어떻게 하면 될 수 있나요?

도시계획가가 되기 위해서는 대학교 졸업 이상의 학력이 필요해요. 도시공학, 도시지역계획학, 도시환경학, 도시계획, 지역개발학, 교통공학, 건설도시공학, 도시정보공학, 도시계획공학 등을 전공하고 관련 업체에 취업하면서 경험을 쌓아야 해요. 도시와 마을이 어떻게 만들어지는지 보면 도시계획가의 업무를 알 수 있어요. 도시포털(http://www.city.go.kr) 홈페이지에서 생태마을, 역사도시 등 도시계획의 실제 사례를 만날 수 있답니다.

교육자가 되려면 마리아 몬테소리처럼!

"나는 이제 늙었고 온몸이 아프지만, 고맙게도 아직 읽을 수 있다."

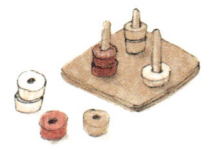

　　1896년 마리아 몬테소리가 의과대학을 졸업하고, 로마 대학 병원에서 일할 때야.
　어느 날, 로마 시내의 정신병원을 방문했어.
　"몬테소리입니다. 장애 아이들을 만나러 왔는데요."
　간호사가 고개를 갸웃거리며 말했단다.
　"박사님이 왜 미치광이들을 보려 하시죠?"
　"미치광이라니요?"
　몬테소리는 간호사의 말을 알아듣지 못하고 되물었어.
　"직접 보시면 나중에 제 말이 이해되실 겁니다."
　간호사는 몬테소리를 장애 아이들이 있는 곳으로 안내했어.
　"저기 보세요. 제 말이 맞죠?"
　몬테소리는 하마터면 비명을 지를 뻔했어.
　'이럴 수가!'

어둡고 칙칙한 방 안에 20여 명의 아이들이 삼삼오오 모여 있었어. 오줌을 누었는지 바지가 젖은 아이도 있었고, 머리를 박은 채 울고 있는 아이도 있었지.

'한창 뛰놀 아이들을 놀잇감 하나 없는 곳에 강제로 가두다니!'

몬테소리는 이해가 되지 않았어. 아이들이 낯선 사람을 보고 웅성거리자 간호사가 소리를 빽 질렀단다.

"바보들아! 조용히 해!"

아이들은 겁에 질린 눈으로 간호사를 바라보았어.

"그거 봐요. 박사님도 미치광이들을 보고 놀라시잖아요."

몬테소리는 화를 냈어.

"당신은 책임자이면서, 왜 아이들을 제대로 돌보지 않는 거죠?"

"저 아이들은 아무리 야단쳐도 소용없다구요."

간호사는 변명했어.

몬테소리는 아이들을 진찰해 보았어. 놀랍게도 아이들은 몸이 아픈 데가 없었단다.

"아이들은 미치광이가 아니에요. 읽고, 쓰고, 말하는 능력이 보통 아이들보다 더디게 발달될 뿐이라고요. 제대로 교육을 받지 않았기 때문이에요."

간호사는 고개를 갸우뚱하며 가 버렸어.

아이들은 하던 걸 계속했어. 방바닥을 구석구석 살피며 기어 다니는 거야. 몬테소리는 아이들이 하는 모양을 찬찬히 관찰했어. 그리고 마침내 깨달았지.

'아이들은 배가 고파서 덤비는 게 아니야. 아이들은 손으로 다룰 수 있는 그 무엇에 굶주려 있는 거야!'

아이들은 방바닥에 떨어진 크고 작은 빵조각을 찾아다니며 손으로 열심히 줍는 놀이를 하고 있었던 거야.

몬테소리는 생각했어.

'가지고 놀 게 하나 없는 텅 빈 방에서, 아이들은 할 수 있는 놀이를 스스로 개발한 거야!'

몬테소리는 많은 병원에서 장애 아이들을 짐승 취급하며 방에 가둔다는 사실을 알았어. 병원은 장애자들을 세상과 격리시키기 위한 장소에 불과했지. 치료는 물론이고 아무런 교육이나 훈련도 받지 못한 채 말이야.

몬테소리는 주먹을 굳게 쥐었어.

'발달이 늦다는 이유만으로 장애 취급을 받는 것은 옳지 않아. 감옥 같은 이곳에서 너희들을 꼭 빼내 줄게.'

몬테소리는 장애아에게 읽기, 쓰기 능력을 가르치기로 했어. 그러려면 장애아에게 맞는 특수 교구가 필요했지. 몬테소리는 직접 교구를 만들어 가르쳤단다.

> 나는 어린이들에게 손을 사용할 수 있는 알맞은 것을 제공함으로써 정상적인 교육을 시킬 수 있을 것이라고 확신하였다.

그중에 일반 학교에서 치르는 시험에 당당히 합격한 아이가 나왔어.

"어머, 바보가 아니었구나."

사람들은 깜짝 놀랐어. 당시에는 장애아가 초등학교에 입학한다는 건 상상도 하지 못할 일이었거든.

왜 의사를 그만두고 아동 교육자가 되었을까

몬테소리는 아이들에 대한 교육에 관심을 갖기 시작했어. 그러기 위해서는 체계적인 공부가 필요하다는 것을 느꼈지. 그래서 졸업한 로마 대학에 다시 입학했단다.

이번에는 교육자가 되기 위해 교육학, 인류학, 심리학에 관한 여러 수업을 받았어. 의사의 길을 포기할 각오를 하고 말이야.

몬테소리는 교육 자료를 찾던 중에 장 이타르가 쓴 오래된 책을 발견했단다.

"아베롱의 늑대 소년에 대한 보고서?"

1800년 1월, 남부 프랑스의 아베롱 마을 사람들은 들판에서 11세가량 되는 소년을 붙잡았어. 소년은 사람들과 접촉하지 않고 늑대들 속에서 자란 거야. 추운 날에도 불구하고 소년은 벌거벗고 다녔어. 얼굴과 몸뚱이에는 찢기고 긁힌 상처 자국이 많았단다. 소년은 사람들의 말을 알아듣지 못했어. 늑대처럼 울부짖었으며 성질이 사나워서 사람들을 물고 할퀴었지.

소년을 향한 사람들의 관심이 시들해질 무렵이었어. 젊은 의사 이타르가 늑대 소년을 연구하기로 했지. 소년이 귀머거리도 벙어리도 아니라는 사실을 알고, 이타르는 말을 가르쳤단다.

이타르는 단어와 숫자를 연상시키는 그림과 글을 반복적으로 보여 주었어. 이를테면 앞면에는 우유를 상징하는 그림을, 뒷면에는 '우유'라는 낱말을 써서 글을 가르쳤어.

"이것은 우유란다."

"……."

소년은 쉽게 배우지 못했어. 한두 마디의 말을 겨우 익혔을 뿐이야. 소년은 적응하지 못하고 죽고 말았어. 이타르의 '늑대 소년 연구'도 끝이 났단다.

글을 읽은 몬테소리는 생각했어.

'늑대 소년은 오랫동안 사람들과 떨어져서 살았기 때문에, 언어를 익힐 결정적 시기를 놓친 것이 틀림없어.'

'결정적 시기'란 무엇일까? 특정한 학습이나 발달이 잘되는 특별한 시기가 사람과 동물에게 있다고 보는 거야. 아기가 걷는 시기에 걸음마를 배워야 하고, 말을 배워야 할 시기에 말을 배워야 하며, 친구와 놀아야 할 시기에는 친구와 어울려야 한다는 거지.

몬테소리는 결정적 시기를 '민감기'라고 불렀어. 민감기라는 특정한 시기가 있다는 것을 처음 발견한 사람은 몬테소리가 아니라, 드 프리스야. 과학자 드 프리스는 민감기에 대해 이렇게 말했어.

> 알에서 깨어난 애벌레는 빛에 아주 민감하다.
> 그래서 빛을 따라 밝은 쪽으로 기어 올라간다.
> 애벌레는 자기가 먹을 수 있는 연한 이파리를 발견하여 배불리 먹고,
> 성장하면서 크고 단단한 잎도 먹을 수 있게 된다.
> 그 후에는 빛에 민감한 감수성이 사라진다.

몬테소리는 사람에게도 민감기가 있다고 보았어.

"애벌레가 빛에 민감한 시기가 있는 것처럼, 유아도 민감하게 반응하는 시기가 있다. 민감기에 접어든 아이는 작은 노력에도 다양한 능력을 얻을 수 있다. 학습에 흥미를 보이고 즐겁게 몰두한다."

몬테소리는 6개월~만 3세 아이는 질서에 강하게 집착하고 반응한다고 했어. 그 시기가 '질서에 대한 민감기'이기 때문이야. 정해진 순서대로 몸을 씻거나 엄마의 컵 옆에 항상 자기 컵을 두는 등의 행동을 하는 시기를 말해. 만1~2세 아이는 '걷기에 대한 민감기'를 보내고 있는 거야. 걸음마를 막 시작한 아이가 목적 없이 그저 걷기 위해 걷는 거지.

몬테소리는 어떻게 어린이를 '발견'했을까?

몬테소리는 아이들이 어떻게 교육받는지 궁금했어. 설레는 마음으

로 교실에 들어섰지.

"조용히 앉아 있어. 장난치거나 말을 하면 혼날 줄 알아!"

선생님은 매를 들고 아이들을 혼내고 있었지. 매 맞은 아이들은 울고 있고, 겁에 질린 다른 아이들은 눈동자를 굴리며 떨고 있었지. 다른 교실의 분위기도 마찬가지였단다.

'예나 지금이나 교육은 변한 게 없구나.'

몬테소리는 초등학교를 다닐 때가 떠올랐어. 말을 듣지 않는 학생에게 원추형의 종이 모자를 씌워 사람들 앞에서 창피를 주었지. 아이들은 사소한 잘못을 해도 벌을 받았어.

선생님은 매를 때려서 가르치는 게 당연하다고 생각했어.

"아이들은 매를 들어서 길들여야 해요."

"아이들은 어른들을 속이려 드는 작은 악마라구요."

학교에 적응하지 못한 아이는 정신 장애아로 분류해 집단 시설로 보냈어.

몬테소리는 생각이 달랐어. 엄한 체벌이 아이들의 영혼을 갉아먹는다고 생각했어.

'나에게 어린이들을 가르칠 기회가 온다면, 절대 체벌을 하지 않을 거야.'

어느 날 에드와르도 탈라보라는 사람이 몬테소리를 찾아왔어. 탈라보는 로마 외곽에 있는 산로렌초 지역의 건축을 맡은 책임자야.

"박사님, 산로렌초에 사는 어린이들 때문에 골치가 아픕니다. 새로 지은 아파트를 아이들이 더럽히고 있어요. 아이들을 교육시킬 방법이 없을까요?"

"제가 가 보겠어요."

몬테소리는 산로렌초에 가 보았어. 아파트 곳곳에서는 썩은 냄새가 풍기고 유리창이 여기저기 깨져 있었지. 길거리에는 어린아이들이 단추가 풀린 누더기 같은 옷을 걸치고 맨발로 돌아다녔어. 일 나간 부모가 집으로 돌아올 때까지 말이야. 서너 살 먹은 아이부터 학교에 갈 만한 아이도 끼어 있었단다.

'어린아이들을 길거리에 내팽개치다니!'

몬테소리는 드디어 아이들을 직접 가르쳐 볼 수 있는 기회가 왔다고 생각했어.

"탈라보, 산로렌초에 어린이집을 엽시다. 어린이집은 말 그대로 어린이를 위한 집이에요. 어린이의 키 높이에 맞춰 집을 꾸밀 거예요. 세면대와 싱크대, 책상, 의자, 식탁 모두."

"네?"

"아이들이 꿈꾸는 집처럼 아늑하게 만들고 싶어요. 아이들의 발달에 필요한 교구는 제가 마련하겠습니다."

"아이들에게 장난감을 주지 않나요? 교구라니요?"

"제가 개발한 교구를 보시면 알게 될 거예요."

1907년 6월 7일, 몬테소리는 산로렌초의 아파트 단지 안에 어린이집을 열었어. 교실과 식당이 있고, 언제라도 밖으로 나가 나무와 꽃을 볼 수 있는 정원을 꾸몄지.
　교실에는 아이들의 키에 맞는 낮은 책상과 작은 의자, 몬테소리가 만든 교구가 준비되었어. 교구는 시각, 청각, 촉각, 후각의 모든 감각을 통해 아이들이 다양한 경험을 해 볼 수 있게 만들어졌지. 오늘날에도 이 교구는 '몬테소리'라는 상표로 전 세계 어린이집에서 사용하고 있단다.
　산로렌초의 부모들은 몬테소리를 환영했어.

> 어린이집은 무료로 이용할 수 있습니다.
> 다만 다음 사항을 의무적으로 지켜 주십시오.
> 아이는 시간에 맞춰 단정한 옷차림으로 보내 주십시오.
> 어린이 교육에 대해 교사와 의논하고, 주 1회 면담을 해야 합니다.

몬테소리는 아이들을 무료로 봐 주는 대신에, 부모를 아이 교육에 참여하게 했어. 언제나 어린이집을 방문할 수 있고, 자녀 문제로 상담할 수 있도록 개방하였단다.

"아이들 교육에는 부모님의 책임이 큽니다. 사소한 일이라도 반드시 선생님과 의논하세요."

교사들에게도 말했어.

"아이들을 야단치지 마세요. 벌을 주지 말고 따듯한 눈으로 관찰하세요."

교사들은 몬테소리에게 불만을 품었어.

"박사님, 아이들을 때리지도 말고, 그냥 관찰만 하라고 하는데 그게 가능할까요? 대체 선생님이 하는 일이 뭐예요?"

"아이들이 스스로 찾아서 할 거예요."

"스스로 찾다니요? 이 어린 것들이요?"

교사들은 몬테소리 교육법이 의심스러웠어. 지금껏 하던 교육과는 정반대로 하라고 했거든.

"아이들을 믿으세요. 아이들은 우리가 가르쳐 주기 전에, 스스로 배운다는 사실을 잊지 마세요."

몬테소리 교육법은 '아이들이 스스로 방법을 발견하고 배운다'는 생각에서 출발해. 그러는 과정에서 아이들은 독립적인 인격체로 성큼 자라난다는 사실이야.

세 살짜리 클라라가 교구를 가지고 놀고 있었어. 클라라는 눈을 반짝이며, 판자에 크고 작은 실린더를 끼웠다 뺐다 하는 행동을 반복하고 있었지. 누가 보아도 지루한 과정이었단다.

몬테소리가 클라라를 관찰하고 있었어. 일부러 아이들과 함께 클라라 주위를 돌며 노래를 불렀단다. 클라라가 어떻게 반응하는지 보려고 말이야.

"반짝반짝 작은 별 아름답게 비치네……."

노랫소리가 교실에 가득했어. 그런데도 클라라는 교구에 빠져 있었어. 아까부터 똑같은 작업을 40번이나 반복하고 있는 거야.

'집중력이 놀랍구나!'

클라라는 마흔두 번째 반복하고 나서야, 만족스런 미소를 지으며 주위를 돌아보았어. 달

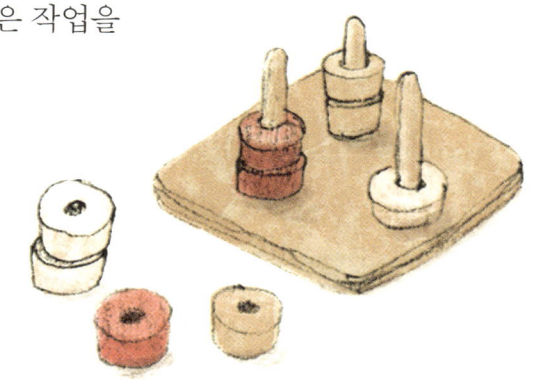

콤한 꿈을 꾸다가 깨어난 아이처럼 말이야. 몬테소리는 클라라를 통해 '어린이는 반복을 좋아하고 놀라운 집중력을 가지고 있다'는 결론을 얻었어.

몬테소리가 세운 어린이집이 세상에 알려지자 구경하겠다는 사람들이 몰려왔어. 이 중에 이탈리아 여왕도 있었지. 여왕은 어린아이들이 스스로 할 일을 선택하고 창의적으로 행동하는 것을 보고 놀랐단다.

"몬테소리 박사님이 기적을 일으켰군요."

몬테소리는 미소를 띠며 대답했어.

"기적이 아니에요. 어린이들은 내면에 보물을 가지고 있으니까요."

몬테소리는 자신을 치켜세우지 않았어.

"아이들이 가진 내면의 보물을 발견하는 것이 어른들의 역할입니다. 저는 그런 역할을 하려고 했을 뿐입니다."

몬테소리 교육법을 좋아하는 사람도 있었지만 욕하는 사람들도 생겨났어.

"아이들이 천성적으로 질서 있는 것을 좋아한다고? 말도 안 돼."

"반복을 좋아한다고? 얼마나 아이들이 싫증을 잘 내는데."

그럼에도 불구하고 몬테소리 교육법은 입소문을 타고 세상에 알려졌어. 몬테소리는 그녀가 알아낸 어린이 교육법을 책으로 펴냈지. 그러자 이탈리아뿐만 아니라 전 세계적으로 '몬테소리 운동'이 일어났어. 몬테소리 교육법을 따르겠다는 수많은 어린이집이 생겨났고 말이야.

　몬테소리는 자신의 교육법을 널리 알리기 위해 아들 마리오와 함께 여러 나라를 돌아다녔어. 강연을 하고 선생님들을 교육시켰지. 교육과 평화에 이바지한 공로로 두 차례 노벨 평화상 후보에 오르기도 했어. 몬테소리는 1952년에 82세로 세상을 떠났어.

　"나의 친애하는 모든 어린이들이 세계 평화와 인류를 위해 하나가 되기를 바란다."

　몬테소리의 묘비명이야.

마리아 몬테소리

Maria Montessori
1870년 8월 31일 ~ 1952년 5월 6일

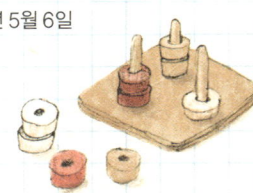

1870 이탈리아에서 부유한 집안의 외동딸로 태어났다.

1890 아버지의 반대와 사회적 편견을 무릅쓰고, 로마 대학의 의과대학에 입학했다.

1896 이탈리아 최초로 여성의사가 되었다.

1900 정신 지체아 교사 양성학교의 교장이 되었다.

1907 로마에서 가장 못사는 마을 산로렌초에 어린이집을 열었다.

1909 '몬테소리 교육법'을 알리기 위해 교사 양성에 온 힘을 다하였다.

1926 오스트리아에 몬테소리 연구소를 설립했다.

1929 덴마크에 국제몬테소리협회를 세웠다.

1952 82세로 네덜란드에서 세상을 떠났다.

몬테소리 선생님처럼 훌륭한 선생님이 되고 싶은 이로운이에요.
아이들을 잘 가르치려면 어떤 태도를 가져야 할까요?

기수는 안장에 오르기 전에 말에게 사탕을 주지. 힘껏 달리라고 말이야. 마부는 잘 달리라고 채찍으로 말 등을 때리지. 그런데 기수의 말과 마부의 말 중 어느 말도, 평야에서 자유롭게 뛰어노는 말만큼 잘 달리지는 못한다는 사실을 알고 있니?

아이들도 마찬가지란다. 상과 벌은 아이들의 타고난 능력을 떨어뜨리고 손상을 입히는 행위야. 아이들은 평야에서 자유롭게 뛰어놀 수 있는 권리가 있단다.

아이들 스스로 하고 싶어 하는 의욕이 생기도록 도와야 하는 게 선생님의 역할이야. 이것을 '조력자'라고 말할 수 있어. 조력자는 절대 지시하지 않아. 아이가 저절로 따라하고 싶은 마음이 들도록 해야 해. 지금 당장 스스로 하지 않는다고 해서, 아이를 필요 이상으로 도와주면 아이는 자신의 능력을 발달시킬 기회를 잃어버리고 의존적인 아이로 자란단다.

선생님들이 아이를 가르치려고 하지 말고 기회를 주면 좋겠어. 아이가 스스로 도전해 보고 독립심을 기르게 말이야.

아이들은 "환경만 준비되면 본능적으로 잠재 능력을 스스로 발달시키고 창조한다"는 사실을 꼭 기억하렴. 아이에게 적합한 환경을 마련해 주어야 해. 아이의 발달수준에 맞는 상태여야 한다는 말이야. 이를테면 옷걸이 높이나 세면대의 높이, 수건 거는 위치 등이 아이의 키와 맞아야지. 아이가 혼자 옷을 입고 벗을 수 있도록 편안한 옷을 입히고, 장난감도 스스로 정리할 수 있도록 낮은 선반과 바구니를 준비해 주는 것이 좋단다.

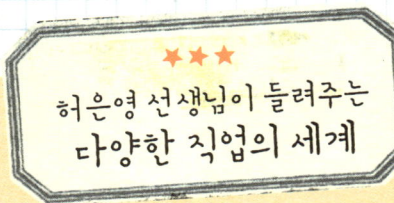
허은영 선생님이 들려주는
다양한 직업의 세계

교사

★ 어떤 일을 하나요?

우리는 어릴 적부터 무엇인가를 배우기 위해서 선생님을 찾게 돼요. 우리가 학교에서 가장 많은 시간을 함께 보내는 사람은 친구들 다음으로 아마도 선생님일 거예요. 우리에게 공부를 가르쳐 주고, 바른 길로 갈 수 있도록 생활지도를 해 주시는 분들이 선생님이랍니다. 이런 직업을 '교사'라고 해요. 교사는 학교에서 학생들과 함께 시간을 보내며 공부를 가르치고 생활태도를 지도하여 아이들의 성장을 돕지요. 초등학교 교사는 학생들에게 전 과목을 가르치고, 중·고등학교 교사는 전공한 과목만을 가르쳐요. 예를 들면 영어를 전공한 선생님은 영어, 수학을 전공한 선생님은 수학을 가르치지요.

★ 무엇을 잘해야 하나요?

학생들을 잘 이해하고 사랑하는 마음을 가지는 것이 중요해요. 각 과목에 대한 지식과 전달 능력이 있어야 하지요.

★ 어떻게 하면 될 수 있나요?

교사는 유치원 교사(유치원생), 초등 교사(초등학생), 중등 교사(중·고등학생)로 나뉘어요. 가르치려고 하는 대상에 따라 다른 학과를 선택해서 공부해야 하지요. 대학에서 전공한 과목에 따라 취득할 수 있는 교사 자격증의 종류가 다르답니다. 한국교원단체총연합회(www.kfta.or.kr) 사이트를 방문하면 교사가 어떤 일을 하는지 더 구체적으로 볼 수 있어요.

교육학자

★ 어떤 일을 하나요?

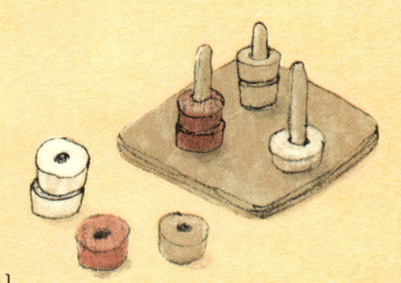

교육학자는 교육의 목적·내용·방법 등에 관한 종합적·과학적인 연구를 실시하는 일을 해요. 또한 우리나라 교육체계의 문제들을 합리적으로 해결할 수 있는 혁신적이고 선진화된 체제와 방법을 개발해요. 더 나아가 미래 교육의 방향, 제도, 정책 및 전략 등에 대해 논의하기도 하지요. 선생님을 평가하거나 교육기관에 조언을 하는 것도 중요한 업무랍니다.

★ 무엇을 잘해야 하나요?

교육학자에게는 교육 및 훈련 전반에 대한 전문적 지식이 필요해요. 교육체제를 객관적으로 점검하고 평가하여 문제가 있다면 해결할 수 있어야 하지요. 교육에 대한 사명감을 가지고 있어야 하며 교육 외에도 인문, 사회과학 전반에 대한 흥미가 요구되지요. 또한 다른 연구원들의 의견을 존중하고 건설적으로 비판할 수 있는 능력, 자신의 의견을 논리적으로 설명할 수 있는 논리적 사고력과 의사소통 능력, 문서 작성 능력 등이 필요하답니다.

★ 어떻게 하면 될 수 있나요?

교육학연구원이 되기 위해서는 대학교를 졸업하고, 대학원에 진학하여 교육 관련 분야에서 석사 이상의 학위를 취득하는 것이 유리해요. 또한 자신이 관심 있는 교육학 주제에 대해 연구한 후 이것을 논문으로 발표해야 해요. 의무교육, 다문화 교육 등의 정책 방안을 연구하는 일이 많으니 어렸을 때부터 교육 정책과 관련된 기사를 꼼꼼히 읽으면 좋겠죠? 더 궁금한 게 있다면 한국교육개발원(http://www.kedi.re.kr) 홈페이지를 찾아가 보세요.

교수

★ 어떤 일을 하나요?

초등학교 선생님은 여러분들에게 다양한 과목들을 가르쳐 주시고 잘 지도해 주세요. 마찬가지로 대학교에서도 대학교 언니, 오빠들을 가르쳐 주시는 선생님이 계시는데 바로 교수님이에요. 지금까지 공부한 것을 바탕으로 새로운 학문을 탐구하고 그것을 바탕으로 보고서를 쓰는 일도 하지요. 강의실에서는 학생들에게 지식을 탐구하는 방법을 안내해 주고 공부하기 좋아하는 학생들에게는 새로운 학문을 공부하도록 격려해요. 교수가 연구하는 분야는 무척 다양해요. 인문과학 계열의 교수들은 국문학, 사회학, 철학, 역사학 등을 연구하고 가르쳐요. 자연과학 계열의 교수들은 실험실에서 실험을 하거나 학교 밖의 자연환경에 대한 조사 활동을 하면서 학생들을 가르쳐요. 의학 계열의 교수들은 병원이나 의학실험실에서 연구를 하고 강의도 하지요. 예체능 계열 교수들은 음악, 미술, 체육 분야에서 예술 활동을 하고 연구하며 학생들을 가르치지요.

★ 무엇을 잘해야 하나요?

교수는 전공 분야에 대한 전문적이고 해박한 지식을 가져야 하고 논리적인 언어 능력과 글쓰기 능력이 필요해요. 원서를 읽는 일이 많아 외국어도 잘해야 해요. 평생 동안 연구와 가르치는 일을 해야 하기 때문에 공부에 대한 집중력이 필요해요.

★ 어떻게 하면 될 수 있나요?

교수가 되기 위해서는 각 관련 학과에 대한 전문 지식을 가지고 있어야 하기 때문에 각 학과의 박사학위가 필요해요. 그리고 그 분야에 대한 직업 경험이나 연구 경력이 있으면 더 좋구요. 교수에 대해 더 알고 싶다면 한국대학교육협의회(http://www.kcue.or.kr) 사이트를 방문해 보는 것도 도움이 될 거예요.

특수교사

★ 어떤 일을 하나요?

특수교사는 신체적, 정신적 장애를 겪고 있는 학생이 효과적으로 장애를 극복하고 사회 구성원으로서 살아갈 수 있도록 지식 및 기능을 가르쳐요. 장애학생의 장애 정도, 발달상황 등을 고려하여 적절한 교재와 교육방법을 활용해 학습지도를 해요. 또한 점심식사 및 등하교 지도, 옷 입고 벗기, 몸단장, 씻기 등 학생들의 생활지도 및 인성 지도를 담당하지요. 시각장애자 교사는 학생에게 점자판, 점필 등을 사용하여 일상생활에 적응할 수 있도록 지도하고, 청각장애자 교사는 수화나 구화 같은 언어적 의사 전달 학습을 지도해요. 정신지체장애자교사는 학생에게 특수교수법을 적용하여 학습 능력을 향상시킨답니다.

★ 무엇을 잘해야 하나요?

특수교사는 교사로서의 자질과 어떤 상황에서도 침착하게 문제를 해결할 수 있는 문제 해결 능력, 자기 통제 능력, 학습 전달 능력이 필요해요. 이 직업은 장애인에 대한 남다른 애정과 희생, 봉사정신이 있는 사람에게 적합하며 꾸준한 노력과 인내심이 필요한 일이지요.

★ 어떻게 하면 될 수 있나요?

특수교사가 되기 위해서는 특수교육학과를 졸업하고 특수교사자격증(1·2급)을 취득해야 해요. 무엇보다 장애가 있는 아이들을 편견 없이 바라보는 마음가짐이 있어야 하겠죠? 국립특수교육원(http://www.knise.kr) 홈페이지를 방문하면 특수교사의 생활을 조금이나마 엿볼 수 있어요.

기업가가 되려면 유일한처럼!

"기업에서 얻은 이익은
그 기업을 키워 준 사회에 환원하여야 한다."

1916년, 일한이 어렵사리 미시건 대학에 들어갈 때 일이야. 미시건 대학은 미국에서 학생을 선발하는 자격과 조건이 까다롭기로 유명한 곳이지. 일한은 대학에 합격했지만 그 기쁨도 잠시였어. 당장 먹고 지내야 할 생활비가 깡그리 바닥났거든. 대학 등록금도 일한이 회사에 취직하여 일 년 동안 번 돈이었단다.

'생활비를 벌어야 해.'

일한은 무슨 일을 할까 고민했어. 남들 같으면 신문을 배달하거나, 식기를 닦거나, 청소를 했겠지만 일한은 달랐지.

'장사를 해 보면 어떨까? 밑천이 가장 적게 드는 사업으로 말이야.'

미시건 대학이 있는 앤 아버에는 중국인들이 많이 살고 있었어. 중국 사람들은 미래를 위해 꼭꼭 돈을 숨길 뿐, 여간해서 지갑을 잘 열지 않았단다. 일한은 이 점을 잘 알고 있었어. 중국인의 마음을 움직일 수 있는 물건을 팔기로 했지. 중국 사람에게 팔 물건이 무엇일까 고민했단다.

어느 날, 일한이 중국 식당에 만두를 사 먹으러 들어갔어. 만두를 먹는 동안, 식당 여주인을 눈여겨보았지. 여주인은 뭔가를 손에 쥐고 자꾸 어루만지는 거야. 예쁜 자수를 놓은 노리개였어. 중국 냄새가 물씬 풍기는 토속 물건이었단다.

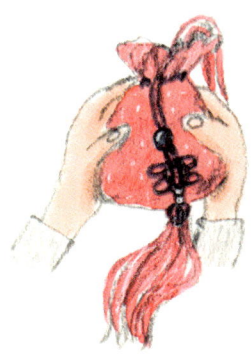

일한은 속으로 외쳤어.

'바로 저거야!'

여주인은 노리개를 만지면서 외로운 마음을 달래고 있었어. 돈을 벌기 위해 미국으로 건너온 중국인들은 언제나 고국에 대한 그리움에 사무쳐 있었어. 말하자면 '향수병'에 걸려 있는 거야. 일한은 향수병을 달래 줄 수 있는 물건이라면, 잘 팔릴 거라는 생각이 들었지.

일한은 디트로이트까지 갔어. 도매상에 가서 중국 제품들, 손수건, 찻잔, 쟁반, 비단, 도자기 따위를 사 가지고 왔지. 중국인들을 찾아다니면서 친절히 제품을 설명하며 팔기 시작했단다.

일한의 예상이 맞아떨어졌어. 중국 사람들은 어디서 물건을 구했느냐면서, 제품을 어루만지거나 냄새를 맡으며 좋아했지.

"고국에서 자주 먹던 차야."

"고국에서 건너온 도자기를 만져 보니, 마치 고향 사람을 만난 것 같아."

　중국 사람들은 고향 물건을 구입하는 데는 돈을 아끼지 않았어. 오히려 일한에게 물건을 구해 줘서 고맙다는 사람도 생겨났어. 단골손님이 점점 늘어났단다.

"다음에는 중국 부채를 구해 주세요."

"중국에서 나온 카펫을 갖다 주세요."

"네, 꼭 가져오겠습니다."

　일한은 도매상을 여러 차례 돌아다녀서라도 구해다 주었어. 어렵게 구한 물건을 받고, 중국인들이 기뻐하는 모습을 보는 것이 매우 즐거웠지. 돈을 벌기 위해 대마나 아편을 들여와, 비싸게 팔아먹는 몰염치한 장사꾼도 간혹 있었어. 일한은 아무리 큰돈을 손에 쥔다 하더라도 절대 그럴 마음이 없었단다.

'장사는 돈 버는 게 전부가 아니야.'

장사는 고객을 기쁘게 하는 것이라고 생각했어. 그래서 일한은 좋은 품질의 물건이 아니면 취급하지 않았지. 물건에 하자가 있으면 손해를 보더라도 반드시 바꿔 주거나 돈으로 되돌려 주었단다.

> 기업의 기능이
> 단순히 돈을 버는 데서만 머문다면
> 수전노와 다를 바가 없다.

일한은 사오는 물건과 수량이 늘어나자 수입이 커졌어. 예전에 아르바이트를 하던 때보다 훨씬 많았지. 하지만 문제도 생겨났어. 물건을 너무 많이 사 와서 재고가 남거나 사 온 물건을 송두리째 도둑맞기도 했단다.

일한은 시행착오를 거치면서 차근차근 사업을 일궈 나갔어. 학교에서 배우는 회계학을 응용하여 장부 정리도 일목요연하게 하고 말이야.

일한은 장사에 소질이 있다는 것을 알게 되었어. 가장 잘하는 것이 돈 버는 일이 아닌가 하고 생각했지. 일한은 자신감이 생겼단다.

하지만 아들의 꿈이 '장사꾼'이라고 하면, 한국에 있는 아버지가 얼마나 화를 낼지 상상이 되었어.

"이놈아, 장사꾼을 시키려고 너를 미국까지 유학을 보냈더냐? 당장 그만두고 집으로 돌아오너라."

이렇게 호통을 칠 게 뻔했어. 그래서 대학에 합격했다는 말만 하고, 상과를 지망했다는 말은 꺼내지도 않았어. 아버지는 자기처럼 천덕꾸러기 취급을 받는 상인은 되지 말라고 하셨거든. 일한이 한국을 떠나온 1904년만 해도, 상인은 사람 대접을 제대로 받지 못했어. 그래서 한국에서 유학 온 다른 학생들은 법학과나 정치학과를 선택하였지.

하지만 일한은 상과를 선택했어.

'아버지, 돈을 버는 장사꾼이 왜 천한 직업입니까? 기필코 기업가로 성공하겠습니다.'

일한은 속으로 다짐했어.

기업가는 정직해야 한다

미시건 대학을 졸업하고 나서, 일한이 숙주나물 장사에 열을 올리던 때야. 중국 사람들이 좋아하는 만두 요리에 숙주나물이 많이 들어가는 것을 보고, 사업 아이디어를 짰단다.

'이번에는 숙주나물이야. 잘 키워 팔아 보자.'

일한은 질 좋은 녹두를 구해다가 시루 같은 그릇에 담고 물을 주며 싹을 틔웠어. 녹두 싹은 물을 먹고 쑥쑥 자라났지. 일한은 숙주나물을 들고 예전에 토속 제품을 팔았던 음식점을 찾아다녔어. 전에 신용을 얻어 놓은 터라 금세 주문이 늘어났단다.

하지만 문제가 생겼어. 숙주나물이 더운 여름에는 금세 시들고 변질된다는 점이야. 일한은 밤을 새우며 숙주나물을 신선하게 보관하는 법을 연구했어. 그러던 참에 식료품 가게에 진열된 통조림을 보면서 무릎을 탁 쳤단다.

'숙주나물을 통조림으로 만들면 되겠구나!'

숙주나물을 고온 열처리해서 통조림을 만들면, 변질되지 않을 거라는 결론에 이르렀어.

생각이 미치자, 일한은 대학 친구 스미스를 찾아갔어. 스미스는 아버지의 식료품 회사에서 일하고 있었지.

스미스가 놀라 물었어.

"자네는 제너럴 일렉트릭사에 들어가서 일한다고 들었는데. 어찌된 일인가?"

일한이 대학을 졸업하자마자 들어간 곳은 제너럴 일렉트릭이라는 회사야. 당시 미국인도 들어가기 힘든 유명한 회사란다.

"3년 만에 그만두고 지금은 숙주나물 사업을 하네. 부탁이 있어 찾아왔어."

"말해 보게. 자네라면 언제라도 믿음이

가네."

스미스는 일한이 동업하자는 제안에 흔쾌히 응했어. 두 사람은 '라초이 식품회사'를 세워, 숙주나물 통조림을 만들어 팔기 시작했단다.

그러자 식당에서도, 가정에서도 불티나게 팔리기 시작했어. 만두를 좋아하는 미국 주부들은 숙주나물 통조림을 손에 들고 '정말 훌륭하다'며 칭찬을 쏟아 냈어.

"원더풀, 원더풀!"

디트로이트는 물론이고 뉴욕, 시카고, 펜실베니아에서도 주문이 몰려왔지. 사업은 성공을 거두었어. 숙주나물뿐만 아니라 동양인이 좋아하는 콩나물과 간장까지 제조하여 판매했지. 회사를 세운 지 불과 4년 만에 직원이 400여 명에 달하는 회사로 성장했단다.

나중에는 숙주나물의 원료인 녹두를 구할 수가 없었어. 미국에 생산되는 것을 다 쓸어 와도 모자랄 지경이었거든.

일한이 중국 상하이로 달려갔어. 숙주나물과 콩을 대량으로 구해 오는 임무를 띠고 말이야. 그때가 1925년의 일이란다.

일한은 상하이의 곡물가게를 샅샅이 돌아다녔어. 녹두를 대량으로 차질 없이 보내 줄 큰 가게를 찾았지. 하지만 가는 곳마다 초라하고 보잘것없는 가게들뿐이었어.

'낭패로군. 그냥 돌아가야 하나.'

일한이 두리번거리고 있을 때에 중국 상인이 말을 걸었어.

"손님, 무엇을 찾고 다니시오?"

허름하고 작은 곡물 가게를 가진 주인이었어.

"녹두를 대량으로 파는 큰 가게를 찾습니다만. 어디에 있습니까?"

"얼마나 구하려고 그러시오?"

일한이 필요한 물량을 말하자, 곡물가게 주인은 깜짝 놀라는 눈치였어.

"저희 회사에 최고 품질의 녹두를 대량으로 보내야 합니다."

"저희 가게에서 대 드릴 수 있습니다. 얼마든지요."

일한은 곡물가게 주인의 말이 믿기지 않았어. 거짓말을 하는 건 아닐까 생각했지. 가게가 그 많은 물량을 소화하기엔 규모가 작고 보잘 것이 없었거든.

"손님이 묵는 호텔로 차를 보내겠습니다."

얼마 있다가, 일한 앞에 롤스로이스 차가 멈추었어. 미국 부자들이 타고 다니는 최고급 승용차였지. 일한은 속으로 미안한 마음이 들었단다.

'나 때문에 가난한 곡물가게 주인이 형편에 맞지 않게 대접하는구나.'

승용차는 어마어마하게 큰 대저택 앞에 멈추었어. 저택 문이 열리면서 곡물가게의 주인이 나타났지. 보석이 주렁주렁 달린 호화로운 옷을 입고 말이야.

"저희 집에 오신 걸 환영합니다."

집으로 들어간 일한은 눈이 휘둥그레졌어. 집 안 인테리어가 미국 상류층의 집처럼 호사스러웠거든. 마치 으리으리한 성에 들어온 느낌이야. 알고 보니, 주인은 상하이에서 가장 큰 곡물창고를 가지고 있었어. 일한이 주문한 양보다 더 많은 양의 녹두와 콩이 있다는 것도 확인되었단다.

계약서에 서로 도장을 찍고 나서 일한이 물었어.

"굉장한 부자인 것 같은데, 왜 가게는 작고 초라합니까?"

주인은 자랑하듯이 말했어.

"허허, 가게를 번듯하게 꾸며 놓으면, 정부 관리들이 세금만 많이 뜯어 갑니다. 세금을 적게 내려면 구멍가게처럼 보여야 하오. 내가 벌어서 일군 재산을 세금으로 빼앗길 순 없지요."

일한은 이제야 알 것 같았어. 곡물가게 주인은 세금을 덜 내기 위해, 가게를 일부러 초라하게 꾸며 놓았던 거야.

'중국이 이토록 썩었단 말인가! 국민들이 세금을 성실하게 납부하지 않으면 어느 나라도 부강해질 수 없는 법이야.'

일한은 생각했어.

이 상인처럼 너나없이 세금을 내지 않는다면,
못사는 사람은 아주 못살고,
잘사는 사람은 제 욕심만 채울 것이 아닌가.
도로와 다리는 무슨 돈으로 건설하고
가난한 사람은 누가 도와준단 말인가.

일한은 탈세를 해서 부귀영화를 누리고 사는 몰염치한 상인하고 거래했다는 게 후회스러웠어. 하지만 이미 계약서에 도장을 찍은 뒤였지.

'나는 미국에서든, 한국에서든, 사업을 하면서 절대 탈세를 하지 않을 것이다. 내 개인의 소유를 위해서 기업을 하는 것이 아니라, 이웃과 사회에 경제적 도움을 주기 위해서 기업을 세울 것이다.'

일한은 다짐했어.

기업은 누구를 위해 존재해야 하는가

미국에 돌아오자, 일한은 마음먹었던 일을 시작하기로 했어. 먼저 동업자 스미스를 만났단다.

"라초이는 스미스 자네가 맡게나. 나는 할 일이 있네."

"할 일이라니? 이렇게 장사가 잘되는데 말이야."

스미스가 깜짝 놀라 물었어.

"내 나라로 돌아가겠네."

일한이 자신이 태어난 고향을 다녀온 이야기를 했어. 아홉 살 어린 나이에 떠난 고향 말이야. 귀국을 결정한 건 고국을 떠난 지 21년 만의 일이었단다.

"내 조국이 자네 나라처럼 강한 나라면 좋으련만. 지금은 나라 이름도 지구상에서 사라지고 말았다네. 일본 땅이 되어 버렸지. 하지만 거기에 사는 동포들은 분명 우리나라 사람이야. 내가 무엇을 해야 할지 결정했어."

"무슨 일을 할 셈인가?"

"동포들을 질병에서 구하고 싶네. 온갖 질병을 앓고 있어서 독립을 외칠 기운조차 없더군. 몸이 건강해야 나라를 구할 마음도 생길 것 아닌가. 싸고 질 좋은 의약품을 보급할 생각이야."

일한은 약 한 봉지가 없어 가벼운 병이 고질병이 되어 목숨까지 잃는 처참한 광경을 두 눈으로 보았어. 동포들이 앓고 있는 갖가지 질병은 좋은 약만 들어오면, 얼마든지 고칠 수 있는 병들이야. 당시 한국에는 기생충, 결핵, 학질, 피부병 등이 유행하고 있었지.

"일본 경찰이 우글대는 적진에 일부러 들어가는 꼴 아닌가? 미국에서도 동포를 도울 수 있지 않겠나?"

"나라 밖보다 고국에 돌아가서 사업을 벌여 돕는 일을 해 보겠네."

스미스는 더 이상 할 말이 없었어. 라초이 식품회사 자산의 반을 일한에게 주며 말했지.

"받게. 25만 달러는 자네 몫이야."

'이 돈이면 필요한 의약품을 대량으로 구입할 수 있어.'

1926년, 일한은 아내와 함께 한국에 도착했어. 서울 종로의 덕원 빌딩에 회사를 세우고, '유한양행'이라 이름 붙였단다.

하지만 구입한 의약품이 세관에 꽁꽁 묶여 팔 수 없었어. 일본 관리들이 사사건건 방해를 했기 때문이야. 몇 달 만에야 겨우 세관에서 물건을 찾을 수 있었단다.

이제 본격적으로 사업을 벌이는 일만 남았어. 일한은 트럭을 몰고 병원과 약국을 찾아다니며 제품을 알렸지. 길이 좁은 곳은 나귀에 의약품을 싣고 찾아갔어. 약품을 사용해 본 사람의 입에서 입으로 소문이 퍼져 나가기 시작했지. 사업은 날이 갈수록 번창했단다.

"수입만 할 것이 아니라 우리나라 사람들에게 필요한 약품을 개발합시다."

처음으로 만든 약품이 '안티푸라민'이야. 안티푸라민은 벌레에 물렸거나, 가렵거나, 손발이 트거나, 삔 데에 바르는 약이야. 1970년대까지만 해도 집집마다 가정상비약으로 사랑받았단다.

일한은 유한양행을 경영하는 몇 가지 원칙을 세웠어.

첫째, 기업을 키워 일자리를 만든다.
둘째, 정직하게 세금을 낸다.
셋째, 기업을 경영해서 얻은 이익은 기업을 위해 일한 직원들과 기업을 키워 준 사회에 돌려주어야 한다.

일한에게 기업은 누구를 위해 있는가 하고 물어보면, 이렇게 대답할 거야.

"기업은 개인을 위해 있는 것이 아니고, 사회를 위해 존재합니다."

이러한 생각을 실천하기 위해, 일한은 1936년에 유한양행을 주식회사로 바꾸었어. 사무직부터 허드렛일을 하는 종업원까지 공로에 따라 일정 비율로 주식을 나누어 주었지. 그러자 유한양행은 개인의 회사가 아니라, 여러 사람이 소유하는 회사로 바뀌었단다.

일한은 창립 주주 총회에서 말했어.

"제가 사장이라고 해서 회사 주인인 것은 아닙니다. 주식회사는 주식을 가진 주주 모두가 주인입니다. 좋은 약을 만들어 국민에게 봉사하는 마음으로 열심히 일합시다."

직원들은 박수를 치며 좋아했어.

유한양행은 세월을 거치는 동안 숱한 어려움을 겪었어. 일본은 세금을 덜 냈다고 트집을 잡아 직원들을 못살게 굴었지. 직원들은 억울하게 고문을 당하고 옥살이도 해야 했어. 급기야 일한이 미국으로 몸을 피해야 했지. 6·25전쟁 때에는 공장 시설이 크게 부서졌으며, 남북이

갈라지면서 만주의 모든 시설을 잃었어. 그러나 유한양행은 잡초 같은 끈질긴 생명력으로 살아남았지. 1960년 이후에는 해마다 40퍼센트 이상 성장했단다.

불법 정치자금은 바칠 수 없다

1959년 이승만 대통령은 유한양행에 정치자금을 달라고 윽박질렀어. 부패한 정권을 지탱하기 위해 엄청난 자금이 필요했거든.

"유한양행이 정치자금을 대면, 각종 특혜를 두둑이 챙겨 주겠소."

이승만 정권은 유한양행뿐만 아니라 많은 기업에도 손을 벌렸어. 돈보따리를 들고 오라고 말이야. 그 당시 한 해 동안 자유당 정권이 56개 기업에서 끌어 모은 정치자금은 63억 환에 달했다고 해.

하지만 일한은 흔들리지 않았어.

"불법적으로 모은 정치자금은 결국 불법을 저지르는 데 쓰일 뿐이야."

하지만 이승만의 자유당 정권은 결국 유한양행의 회사자금을 강제로 빼앗아 가고 말았어.

"정권이 완전히 썩었어. 이승만은 오래가지 못할걸세."

1960년 3월 15일, 이승만 정권은 불법적인 정치자금을 끌어모아, 공무원들을 동원하여 부정선거를 저질렀어. 이승만이 장기집권을 하려고 말이야. 이 사실을 안 국민들이 부정선거를 규탄했고, 전국적으로 이승만 독재 권력에 항의하는 시위가 일어났어. 1960년 4월 19일의 일이야. 그날을 기념하여 4·19혁명이라 불러. 일한의 예언대로 결국 이승만은 정권에서 쫓겨났단다.

일한이 남긴 유언장

유한양행은 날로 번창했지만, 일한은 점점 쇠약해졌어. 나이가 들고 병도 얻었기 때문이야. 1971년 3월 11일, 일한은 조용히 눈을 감았단다.

임원과 유족 들은 일한이 남긴 유품을 정리하다가 깜짝 놀랐어.

'대기업의 회장이 남긴 유품이 이리도 초라하단 말인가!'

유품이라고는 구두 두 켤레와 양복 세 벌, 만년필 등 자잘한 물건들이 전부였단다.

일한이 남긴 말 중에는 이런 말이 있어.

> 아무리 큰 부를 축적했다 할지라도
> 죽음이 임박한, 하얀 시트에 누운 자의 손에는
> 한 푼의 돈도 쥐어져 있지 아니하는 법이다.

일한에게는 낭비란 게 전혀 없었어. 물건을 사면 너덜너덜해질 때까지 쓰곤 했거든. 하지만 나라와 사회를 위해서는 달랐어. 흔쾌히 독립운동가에게 자금을 건네고, 학생들에게는 장학금을 아낌없이 내주었단다.

한번은 만년필이 고장 나서 더 이상 잉크가 나오지 않았어. 무려 19년 동안이나 사용했으니 망가질 만도 하지. 일한은 쉐퍼 만년필을 처음 구입할 때가 떠올랐단다.

"고장이 나면 언제라도 수리해 드립니다."

일한은 고장 난 만년필을 미국 본사로 보내어 수리를 요청했어. 얼마 후 답장이 왔단다.

"19년 동안이나 사용해 줘서 고맙습니다. 보답하고자 새로운 만년필을 보내 드립니다."

일한은 소중하게 포장된 새 만년필을 기쁜 마음으로 받았어. 그때 받은 만년필이 유품으로 남았단다. 일한은 검소함이 몸에 배인 사람이야.

일한이 남긴 것 중에 유언장도 있었어. 유언장이 공개되자마자, 기자들은 신문에 크게 보도했단다. 세상이 놀랄 만한 소식이었기 때문이야.

"유한양행 유일한 회장, 전 재산 사회에 기부!"

일한은 거의 전 재산을 사회에 되돌려 주었어. 평소에 늘 말한 대로 말이야.

"기업에서 얻은 이익은 그 기업을 키워 준 사회에 환원해야 한다."

그로부터 20년 후에 딸 재라가 유산을 사회에 내놓고 세상을 떠났어. 아버지한테 물려받은 재산이 아니라, 혼자 벌어서 모은 돈 205억 원이라 더욱 값지게 여겼지. 아버지와 딸, 2대에 걸친 기부 정신은 사람들에게 깊은 감동을 주고 있단다.

유일한
1895년 1월 15일 ~ 1971년 3월 11일

1895 평양에서 태어났다.

1904 미국으로 유학을 떠났다.

1916 미시건 대학교에 입학하였다.

1922 숙주나물 통조림을 생산하는 라초이 식품회사를 세웠다.

1926 라초이 식품회사를 정리하고 귀국해서 유한양행을 세웠다.

1936 유한양행을 주식회사로 바꾸고, 제1대 사장이 되었다.

1942 미국군 전략처 한국 담당 고문으로 활동하였다.

1963 개인 소유의 주식 1만 7천 주를 연세대학교와 보건장학회에 주었다.

1964 학교법인 유한재단을 설립하고, 유한공업고등학교를 세웠다.

1968 모범 납세자로 뽑혀 동탑 산업 훈장을 받았다.

1971 전 재산을 사회에 내놓는다는 유언을 남기고 세상을 떠났다.

> 커서 기업가가 되고 싶은 세인이에요.
> 고객에게 믿음을 잃지 않는 기업을 만들고 싶어요.
> 유한양행도 정직과 신뢰로 키워 온 회사잖아요.
> 그러기 위해 어떤 노력을 하셨나요?

기업의 첫 번째 목표가 이익을 남기는 거라는 것은 알고 있지? 하지만 그것은 성실한 활동의 대가로 얻어야 해. 물건이 잘 팔려 돈을 많이 버는 것보다 더 큰 기쁨과 보람을 느꼈기 때문에, 나는 기업을 키울 수 있었어.

1936년 1월, 아주 추운 날 유한양행 사무실에 급한 전보가 도착했어.

'파상풍 혈청 2관 보내 주기 바람.'

파상풍은 감염된 뒤 최대 일흔두 시간 안에 사망할 수 있는 무서운 병으로 알려졌어. 신속하게 치료제를 병원으로 보내야 했지. 그런데 전보에는 누가 보낸 전보인지가 적혀 있지 않은 거야.

나는 직원들에게 전보 발신지 역 주변에 병원이 몇 군데가 있는지 알아보라고 했어. 모두 세 곳이 있다는 거야. 나는 세 곳 모두 약을 보내라고 지시했어. 직원들이 값비싼 약을 아깝게 세 군데 모두 보내느냐며 반대를 했단다.

나는 말했어.

"사람이 죽느냐 사느냐 하는 판에 약값을 따질 시간이 어디 있소?"

세 군데 병원에 파상풍 혈청을 보냈어. 그중에 하나가 진짜 받아야 할 병원이었지. 나중에 알아보니 전보를 보낸 병원이 혈청을 제때 받아 귀중한 생명을 구했다고 하더라.

이 사실이 사람들에게 알려지자, 유한양행의 물건은 더욱 잘 팔려 나갔어. 정직하고 믿음이 가는 회사라는 소문이 퍼진 결과야.

흔히 말이나 행동에 신뢰가 가는 사람에게 "저 사람은 참 신용이 있는 사람이야"라고 말해. 기업도 마찬가지야. 기업의 생명은 신용이란다.

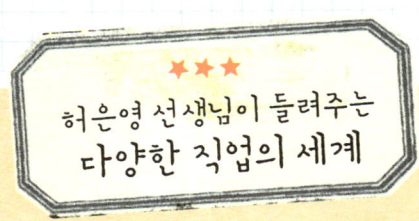

허은영 선생님이 들려주는
다양한 직업의 세계

사업가

★ 어떤 일을 하나요?

보통 기업이나 회사를 경영하는 사람을 '사업가'라고 합니다. 최근에는 회사를 전문적으로 경영하는 사람을 CEO(전문경영인)라고 부른답니다. 사업가가 하는 일은 회사를 이끌어 나가고 사원들을 관리하며 회사의 모든 일을 책임지고 운영하는 일이지요.

★ 무엇을 잘해야 하나요?

새로운 일을 두려워하지 않으며 단호하게 결단할 수 있는 능력, 여러 사람을 잘 이끌 수 있는 리더십, 그리고 지혜와 용기를 가지고 있어야 합니다. 사회·경제 현상에 관심이 많아야 하고, 논리적이며 분석적인 자세가 필요합니다.

★ 어떻게 하면 될 수 있나요?

경영하고자 하는 영역의 전문지식이 있어야 하고 다방면에 관심이 많으며 똑똑해야 합니다. 옷을 팔려고 하는 사람이 옷에 대해서 잘 알고 있어야 하고 자동차를 팔고자 하는 사람이 자동차에 대해서 잘 알고 있어야 하는 것처럼 말입니다. 사업가에 대해 더 알고 싶다면 전국경제인연합회(www.fki.or.kr) 홈페이지를 방문해 보세요.

바이어

★ 어떤 일을 하나요?

팬시 전문점에서 귀여운 캐릭터 그림이 있는 티셔츠를 샀어요. 다른 나라에서 만든 캐릭터 티셔츠는 어떻게 우리나라에 왔을까요?

바이어는 상품을 만든 사람에게 물건을 사서 직접 판매하거나 도·소매 상인들 혹은 회사에 구매한 상품을 파는 일을 해요. 물론 우리나라뿐만 아니라 외국의 상품도 구매한답니다. 물건을 보다 잘 팔기 위해서는 시장의 흐름을 파악해야겠죠? 그리고 우리나라 상품 시장뿐만 아니라 세계 시장의 흐름을 파악해서 회사의 요구 조건에 가장 적합한 상품을 선정해야 하지요.

★ 무엇을 잘해야 하나요?

바이어는 구매하고자 하는 상품에 대한 정보와 분석적인 사고능력이 필요해요. 구매 가격을 신속하고 정확하게 계산할 수 있는 수리 능력도 요구됩니다. 그리고 구매를 올바르게 진행하기 위한 사명감과 책임감도 있어야 하지요.

★ 어떻게 하면 될 수 있나요?

바이어가 되기 위해서 특별히 갖춰야 하는 조건은 없어요. 하지만 보통 전문대학이나 대학교에서 경영학, 마케팅학, 유통학 등을 전공하면 취업하는 데 좋아요. 관련 자격으로는 건설교통부에서 시행하는 물류관리사와 대한상공회의소에서 시행하는 판매관리자 자격증이 있어요. 구매자재관리사, 국제구매관리전문가 자격을 얻는 것도 도움이 되지요. 한국구매자재관리협회(http://ikpma.org) 사이트에서 자격시험에 필요한 교육을 시행하고 있답니다.

유일한

금융자산운용가

★ 어떤 일을 하나요?

금융자산운용가는 투자를 원하는 고객이 최대한의 투자 수익을 올릴 수 있도록 힘씁니다. 투자 전략을 짜거나 정보를 제공하고 고객이 맡긴 돈을 직접 운영하는 일을 담당해요. 투자를 할 때 손실이 발생할 수도 있겠죠? 그래서 금융자산운용가는 투자 배분을 잘해야 한답니다.

★ 무엇을 잘해야 하나요?

금융자산운용가는 환율, 물가 등 투자에 중요한 경제 변수들을 잘 읽고 분석해야 돼요. 그리고 우리나라뿐만 아니라 세계 여러 나라의 경제, 시장의 흐름을 파악하는 예측력도 있어야 하구요. 왜냐하면 우리나라와 세계의 경제 변화에 따라서 증시도 변화하기 때문이에요.

한 가지 더! 금융자산운용가는 회사나 고객의 자산을 운용하는 업무를 담당하기 때문에 강한 윤리의식과 책임감, 성실함이 요구됩니다.

★ 어떻게 하면 될 수 있나요?

금융자산운용가가 되기 위해서는 4년제 대학의 경영, 경제, 통계, 금융, 재무금융학 등을 전공하는 것이 좋아요. 하지만 특별한 학력이나 자격증보다는 투자신탁운용사나 자산운용사, 증권사, 종합금융사에 다니면서 경험을 쌓는 것이 중요해요. 전국투자자교육협회에서 실시하는 어린이 금융교실, 경제금융 캠프, 금융기관 체험학습에 참여하는 것도 좋은 경험일 거예요. 전국투자자교육협회(www.kcie.or.kr) 홈페이지에서 자세한 일정을 확인할 수 있어요.

판매원

★ 어떤 일을 하나요?

우리가 물건을 살 때마다 상품에 대한 설명과 계산을 돕는 분이 바로 판매원이에요. 판매원은 할인점, 백화점, 가정 등 정해지지 않은 장소에서 식료품, 의류 등 여러 가지 상품을 판매하는 일을 해요. 일하는 장소와 판매 방법에 따라 상점판매원, 방문판매원, 이동판매원, 계산원, 매표원 등으로 구분할 수 있어요.

상점판매원은 상품에 대한 설명, 계산과 포장, 상품진열과 청소, 반품 처리와 고객 정보 관리를 담당해요. 방문판매원은 현장을 방문해서 거래 조건에 필요한 계약서를 만들고 주문하며 수금과 배달 등의 과정을 수행해요. 판매에 대한 경력과 노하우가 쌓이고 고객에 대한 신뢰가 높아지면 샵마스터가 될 수 있어요.

★ 무엇을 잘해야 하나요?

판매원은 소비자가 상품을 구매하도록 권유하기 위해 협상·설득할 수 있는 말하기 능력이 필요해요. 그리고 영업과 마케팅, 상품을 만드는 과정 등에 대한 지식과 이해가 요구돼요. 많은 사람들과 만나기 때문에 활발하고 적극적인 사람이 일을 잘할 수 있어요. 그렇기 때문에 항상 친절하고 고객에게 신뢰감을 줄 수 있어야 하지요.

★ 어떻게 하면 될 수 있나요?

판매원이 되기 위해서 특별히 필요한 학력이나 조건은 없어요. 그렇지만 전문대학이나 대학의 마케팅과, 유통학과, 경영학과, 유통경영과, 유통정보과 등을 졸업하면 취업하기가 좋아요. 또 사설학원의 유통관리사 과정을 듣는 것도 도움이 되지요. 전기제품, 약품 등의 몇 가지 품목은 전문지식이 있어야 회사에 들어갈 수 있답니다. 판매원에 대해 더 알고 싶다면 대한상공회의소(http://www.korcham.net) 홈페이지를 방문해 보세요.

배우가 되려면 오드리 헵번처럼!

"다른 사람들을 먼저 생각하라,
이 말은 구식이긴 하지만 훌륭한 생각이다."

오드리는 어려서부터 무용을 좋아했어. 음악이 흐르면 깡충깡충 춤을 추었지. 언제나 집 안에는 음악이 흘렀단다. 갑자기 음악이 그치고 엄마, 아빠가 다투는 소리가 들려왔어.

엄마의 날카로운 소리가 오드리의 귀에 들렸단다.

"더 이상 당신과 살 수 없어요!"

"나도 마찬가지요!"

어린 오드리는 재빨리 식탁 밑으로 숨었어. 양손으로 귀를 막고 말이야.

무책임한 아빠는 엄마와 다투고 집을 나가 버렸어. 아빠는 영영 돌아오지 않았지. 어린 오드리에게는 큰 충격이었단다. 오드리는 사랑하는 아빠를 만날 수 없자, 점점 말수가 적은 아이로 자랐어.

오드리는 1939년 열 살 때, 네덜란드에 있는 아른헴 음악학교의 발레 과정에 입학했어. 밤낮없이 발레 연습을 해도 지루하지 않았지. 친구가 없던 오드리에게는 발레가 유일한 즐거움이고 마음을 달래는 오락이었기 때문이야.

오드리가 사는 네덜란드가 독일군의 손아귀에 들어갔어. 제2차 세계 대전이 터진 거야. 여기저기서 폭탄이 터지고 이웃들이 독일군에게 잡혀갔어. 오드리는 캄캄한 방공호에 숨어 지냈는데, 먹을 것이라곤 풀로 만든 스프와 마른 빵 몇 조각이 전부였어. 통통하던 오드리는 바짝 말라 갔단다.

오드리는 전쟁 중에도 발레를 열심히 연습했어. 창문으로 불빛이 새어 나가지 않게 두꺼운 커튼을 치고, 낡아 빠진 발레 슈즈를 신고 춤을 추었지. 오드리는 배고픔과 전쟁의 두려움을 잊기 위해 더욱 발레에 매달렸단다.

'아름다운 백조가 되어 하늘을 날 거야. 공주가 되면 멋진 왕자도 만날 수도 있어.'

하지만 독일군 순찰대가 지날 때면 숨을 죽여야 했어. 만일 들키는 날에는 큰일 날 테니까.

독일군에게 들킬까 봐 숨을 죽이며 공연을 한 적도 있다.
오드리는 공연이 끝나면, 거둔 돈을 가족을 위해 조금 덜어 내고
나머지는 독립운동 지원금으로 보냈다.

1944년, 전쟁으로 굶주리는 날이 계속되었어. 오드리는 아이들과 함께 꽁꽁 언 땅을 팠어. 땅 속에 남은 순무 뿌리라도 캐 먹으려고 말이야. 그러다가 꽃의 구근이라도 발견하는 날이면 뛸 듯이 기뻐했어. 오드리는 허기진 배를 달래려고 막 캔 뿌리를 그 자리에서 씹어 먹었단다.

'전쟁이 끝나면 아무런 불평도 하지 않을 거야.'

오드리는 하루 빨리 전쟁이 끝나기만을 기다렸어. 하지만 전쟁에 불리해진 독일군은 나이 든 남자들과 어린 소년, 소녀까지 닥치는 대로 잡아갔지.

오드리도 먹을 것을 찾다가 돌아오는 길에 잡힐 뻔했어. 독일군 순찰병을 피해 무너진 집 지하실로 재빨리 숨었지. 어둡고 칙칙한 지하실에서 오랫동안 견디며 지내야 했어. 엄마와 친척들은 오드리가 독일군에게 잡혀갔거나 죽은 줄로만 알았지. 오드리는 한참 만에야 비틀비틀 집으로 돌아왔단다.

엄마는 오드리를 뜨겁게 안았어.
"오, 살아 있었구나!"

엄마 품에 안기자마자 오드리는 쓰러지고 말았어. 빈혈과 부종, 황달까지 앓고 있었던 거야. 어린 생명을 구하려면 약과 음식이 필요했지만, 엄마의 수입으로는 턱도 없었지.

　엄마는 병원에 입원한 딸의 생명을 구하려고 도움을 받을 수 있는 곳을 찾아 사방팔방 뛰었어. 유니세프의 전신인 유엔국제부흥기구에서 이 소식을 알고 도움을 주었지. 엄마는 약과 음식이 담긴 소포를 받자마자 오드리에게 달려갔어. 이 일은 훗날 오드리가 유니세프 활동에 뛰어들게 된 계기가 되었단다.

　오드리는 약과 음식으로 빠르게 회복하였어. 다시 좋아하는 발레를 할 수 있었지.

　'내가 다시 살아서 발레를 할 수 있다니!'

　오드리는 기뻤어. 죽음의 문턱까지 가 본 오드리는 하루하루가 너무나 소중하게 느껴졌어. 날마다 연습실에 다니면서 하루 종일 연습해도 피곤한 줄 몰랐지. 그 결과 오드리는 영국에 있는 마리 램버트 발레학교의 장학생으로 추천을 받을 수 있었어. 영국으로 건너간 오드리는 발레리나를 꿈꾸며 발레 공부를 열심히 했단다.

　그런데 오드리가 아무리 노력해도 할 수 없는 일이 생겼어. 날로 부쩍부쩍 크는 키였는데, 오드리는 170센티미터까지 자랐어. 발레를 하기에는 큰 키였지. 오늘날 같으면 아무 문제가 아니지만 말이야. 당시 남자 무용수의 키는 지금보다 훨씬 작았기 때문에, 여자 무용수는 남자 무용수보다 최소한 2, 3센티미터는 작아야 했단다.

　오드리는 울음을 터뜨렸어.

"제가 얼마나 발레를 사랑하는지 아실 거예요. 발레리나 이외에는 아무것도 되고 싶은 게 없어요."

마리 교장 선생님은 오드리를 위로하였어. 선생님은 마리 램버트 발레학교를 세운 사람으로, 발레리나 출신이었단다.

"오드리, 선생님도 너처럼 아픔이 있었어. 갑자기 커 버린 키 때문에 꿈을 접어야 했단다. 그런데 지금은 발레학교를 운영하고 있잖니? 새로운 기회가 올 거야."

"새로운 기회요?"

"이를테면 발레리나 말고도 세상에는 할 일이 많아. 키가 크니까 모델이 될 수 있고, 노래와 춤을 추는 뮤지컬 배우가 될 수도 있어."

오드리는 고개를 끄덕였어.

배우가 되기 위해 만년필을 입에 물다

오드리는 자신의 처지를 나쁘게 생각하지 않기로 했어. 전쟁을 겪으면서 다시는 불평을 하지 않기로 한 자신과의 약속도 지키려고 했단다.

오드리는 발레 수업을 받으면서 다른 길을 찾기 시작했어. 모자 판매 회사에서 모델을 하기도 하고, 외국어 능력이 뛰어난 점을 활용해 여행사에서도 일을 하기도 했지. 또한 재즈음악을 연주하는 클럽에서 무용수로 활동하기도 했단다.

드디어 오드리에게 새로운 기회가 왔어. 뮤지컬 코미디 영화에 단역으로 출연해 달라는 제의를 받은 거야. 무대에서 춤을 추는 일이었어. 단 10초만 등장하는 보잘것없는 배역이지만 최선을 다했지. 오드리는 10초를 위해 오랫동안 연습했고, 무대 뒤에서 숨죽이며 자신의 차례를 기다렸단다.

그런데 영화배우로서 오드리의 외모는 어땠을까? 여배우라면 사람들이 좋아할 매력과 미모, 몸매를 갖춰야겠지. 하지만 오드리는 얼굴이 '네모공주'라 불릴 만큼 각진 턱선에 짙은 아치형의 눈썹과 작은 코를 지녔지. 게다가 가슴은 평평하고 양 볼에 광대뼈가 두드러져 보였단다.

오드리도 전신 거울에 비친 자신을 보는 것을 그리 좋아하지 않았어. 어느 카메라 감독은 오드리의 얼굴을 테스트해 보고 투덜댔단다.

"눈이 너무 크고, 입도 아주 커요. 코는 작고 길어요. 어떤 각도에서도 카메라에 잘 잡히지 않아요."

하지만 오드리는 세상에서 가장 사진이 많이 찍힌 여배우 중 한 사람이 되었어. 그 까닭은 무엇일까? 약점이라고 생각한 오드리의 커다란 눈은 표정을 풍부하게 해 주었어. 유난히 큰 입으로 미소를 지으면 사람들을 빨려 들게 하는 강한 매력을 풍겼지. 또한 발레 수업으로 다져진 몸매에서는 아름답고 우아한 동작이 나왔단다.

오드리의 매력을 한눈에 알아본 사람이 나타났어. 프랑스 작가 콜레

트는 자신이 쓴 소설을 연극 〈지지〉로 무대에 올리기 위해 여주인공을 찾고 있는 중이었거든.

"저길 봐, 나의 지지야!"

콜레트는 오드리를 보자마자, 당장 연극 〈지지〉의 주인공이 되어 달라고 부탁했어. 하지만 오드리는 망설였단다.

"단역에 출연하여 춤을 추었을 뿐, 대사 한 줄도 말해 본 적이 없어요."

"상관없어요. 연기야 열심히 배우면 돼요."

오드리는 〈지지〉에 출연하기로 결정했지만, 넘어야 할 산이 많았어. 목소리가 맨 뒷좌석까지 들리도록 발성 연습이 필요했지. 목소리가 너무 작아 앞 좌석에서도 잘 안 들렸거든. 연기를 지도하는 캐슬린은 애가 탔어.

"오드리, 목소리가 안 들리면 관객한테 욕먹어요."

"어떻게 목소리를 키울 수 있을까요?"

"자신감이죠. 자신감이 생기면 저절로 목소리는 커져요."

이 말이 맞았어. 자신감이 넘쳐 나니까 힘찬 목소리가 터져 나왔던 거야. 이번에는 발음이 문제였어. 만년필을 입에 물고 노래를 부르거나 대사를 크고 또박또박 읽는 연습을 했지. 가장 중요한 연기력도 문제가 되었어. 오드리는 자연스러워질 때까지 연습하고 또 연습했단다.

1952년 〈지지〉가 뉴욕의 브로드웨이에 올랐어. 오드리는 무대에서 그동안 갈고닦은 실력으로 내면에서 우러나오는 연기를 하였어. 그 결과 연극은 217회라는 공연 기록을 남길 정도로 인기를 끌었단다.

영화 〈로마의 휴일〉에 여주인공으로 출연해 달라는 요청이 왔어. 왕실 생활에 싫증이 난 공주가 궁궐을 몰래 빠져나와 로마 거리를 돌아다니면서 벌어지는 이야기야. 신문기자를 만나 사랑에 빠지는 오드리의 모습을 볼 수 있어. 이 영화는 큰 인기를 끌었는데, 천진하고 발랄한 공주의 역할을 완벽하게 소화했다는 평가를 받았단다.

이 영화로 오드리는 아카데미 여우주연상을 받았으며, 오늘날에도 〈로마의 휴일〉은 세계의 걸작 영화로 손꼽혀. 그 이후로 오드리가 영화에 출연하면 흥행에 성공한다는 말이 나올 정도였어. 〈사브리나〉, 〈티파니에서 아침을〉, 〈마이 페어 레이디〉, 〈파계〉 등이 오드리를 유명하게 만든 영화란다.

〈파계〉는 실제 있었던 이야기를 다룬 영화야. 수녀가 되고 싶은 루크는 부모의 반대를 무릅쓰고 수녀원으로 들어가. 간호사 수녀가 되어 아프리카 콩고로 떠나 헌신적인 봉사를 하지만, 폐결핵에 걸려 본국으로 돌아오고 말아. 아버지가 전쟁에서 죽자, 루크 수녀는 수녀 생활을 접고 전쟁에 간호사로 나간다는 이야기야. 루크 수녀의 겸손함과 자기 희생을 보여 주는 영화야.

　오드리는 실제 주인공인 마리 루이즈를 만나 마음속 깊이 공감하고 싶었어. 실감 나는 연기를 하고 싶었거든. 비행기를 타고 가 마리 루이즈를 직접 만났지. 마리 루이즈는 깜짝 놀랐어.

　"오드리, 세계적인 스타가 평범한 저를 만나러 오다니요?"

　"무슨 말씀을요. 선생님을 존경하기 때문에 뵈러 왔지요."

　오드리는 커다란 눈을 반짝이며 마리 루이즈와 이야기를 나눴어. 나중에 두 사람은 절친한 친구가 되었지. 오드리는 수녀원의 생활도 직접 해 보았어. 수녀들과 똑같이 생활하면서 라틴어로 된 기도문을 외우고 아침저녁으로 기도를 했지. 수녀복을 입고 거리를 돌아다니기도 했단다.

오드리는 연기에 욕심이 생겼어. 〈파계〉를 보면 오드리가 얼마나 연기에 몰입했는지를 알 수 있을 거야.

〈어두워질 때까지〉에서는 오드리가 시각장애인으로 출연하게 되었어. 눈이 보이는 사람이 눈먼 연기를 하는 건 어려운 일이야. 당장 오드리는 시각장애인 연구에 들어갔어. 눈가리개를 쓰고 지팡이로 땅바닥을 두드리며 조심조심 걸어가는 법, 발자국 소리를 듣고 지나가는 사람들의 위치를 아는 법, 눈 감고도 뜨거운 차를 잘 따르는 법, 전등이 어디에 매달려 있는지를 열기로 아는 법 등을 말이야.

하지만 문제는 오드리의 눈이었어. 시각장애인치고는 눈빛이 너무 강했기 때문이야. 감독의 지시가 떨어졌어.

"시각장애인처럼 보이질 않아. 콘택트렌즈를 사용하도록."

요즘의 콘택트렌즈는 부드러워 착용감이 좋지만, 당시에는 렌즈를 유리로 만들었기 때문에 눈동자를 움직일 때마다 찌르듯이 아팠지. 오드리는 고통을 견디며 끝까지 촬영을 마쳤단다.

갑자기 왜 아프리카로 갔을까?

오드리의 인기는 식을 줄 몰랐어. 전 세계 사람들이 오드리가 나오는 영화를 기다리고 있었지. 하지만 1989년에 스티븐 스필버그가 만든 〈영혼은 그대 곁에〉를 마지막으로 영화를 접었단다.

오드리는 많은 시간을 영화 속의 다른 사람으로 살아왔기 때문에, 자신의 삶을 살고 싶어 했어. 무엇보다 남은 삶을 더욱 가치 있는 일에 쏟고 싶었단다.

오드리는 유니세프가 있는 제네바 사무실을 찾아갔어. 유니세프는 아프리카 전쟁고아와 난민을 돕는 일을 하고 있었지. 오드리도 오래 전에 유니세프로부터 식량과 의약품을 지원받아 자신의 생명을 구한 적이 있었다고 했잖아. 그때의 고마운 마음을 어른이 되어서도 간직하고 있었단다.

"제가 할 수 있는 일이 있다면 기꺼이 돕겠어요. 하지만 제가 무엇을 할 수 있을까요?"

유니세프 대사는 깜짝 놀랐어.

"당신의 인기만으로 많은 사람을 도울 수 있답니다."

"인기라니요?"

"오드리를 좋아하는 영화 팬들이 유니세프 모금에 참여할 수 있지요."

1988년 오드리는 유니세프의 친선대사로 임명되었어. 일 년에 단돈 1달러 외에는 보수가 없었지. 공식적인 출장과 숙박비 이외의 경비는 오드리가 내야만 해. 아프리카 등 오지를 여행하다 보면 말라리아와 같은 풍토병에 걸릴 수도 있어. 게다가 오드리가 가야 할 곳은 자주 전쟁이 일어나는 위험한 곳이야.

오드리가 친선대사로 임명이 되자마자 유니세프의 첫 임무가 떨어졌어. 아프리카의 에티오피아를 가게 된 거야. 오드리는 에티오피아의 굶주린 아이들을 두 눈으로 보자, 놀라 입을 다물지 못했지.

오드리는 한 어린아이에게 다가가서 물었어.

"커서 무엇이 되고 싶어요?"

"살아 있고 싶어요."

오드리는 뼈만 남은 아이를 떨리는 손으로 껴안았어.

"수많은 아이들이 굶주려 죽어 가는데, 내 아이만 소중한 줄 알았구나."

아이를 안은 오드리는 세계 사람들을 향해 말했어.

어린이 한 명을 구하는 것은 축복입니다.
어린이 백만 명을 구하는 것은 신이 주신 기회입니다.

하지만 세상 사람들의 시선은 곱지 않았어.

"별 쇼를 다하네, 저러다가 지쳐 그만둘걸."

오드리가 세상의 주목을 더 많이 받고 싶어서 그러는 거라고 여겼지. 하지만 오드리의 발길은 아프리카 전 지역을 비롯해 방글라데시, 엘살바도르 등 50여 곳이 넘게 이어졌어. 버스나 트럭 뒷칸에 몸을 싣고도 쉼 없이 다녔지.

오드리는 제대로 잠을 자지 못하고 험한 오지를 강행군하고 있었어. 오드리의 건강은 급격하게 나빠지고 있었지. 1992년 오드리가 아픈 몸을 이끌고 소말리아를 방문하였을 때야. 아랫배에 강한 통증을 느낄 때마다, 진통제를 맞으며 견뎠지. 오드리는 한 명의 아이라도 구하고 싶은 마음에 바삐 걸음을 옮겼단다.

그때 낡은 트럭에 쇼핑백처럼 생긴 자루를 싣는 모습이 눈에 띄었어. 오드리가 걸음을 멈추고 유니세프 현장 감독자에게 물었어.

"저게 뭐예요?"

"아이들의 시체랍니다."

시체는 모두 스무 명 정도 되었어. 불과 몇 시간 전에 살아 있던 아이들이었다고 해.

"맙소사!"

오드리는 자리에 주저앉고 말았어. 눈에는 하염없이 눈물이 쏟아졌지. 겨우 일어난 오드리는 얼마 안 있어 죽을지 모르는 아이들을 보러 걸음을 옮겼어. 오드리는 언론을 통해 소말리아 어린이들에게 더 많은 도움의 손길을 달라고 호소했단다.

오드리가 모가디슈를 방문할 때도 아이들 시체가 담은 자루가 트럭에 실리는 것을 보았어. 자선단체에서 온 학생들이 숨이 붙어 있는 아이들에게 음식을 강제로 먹이고 있었지. 너무 약해서 스스로 떠먹을 힘도 없었거든. 이 아이들도 곧 트럭에 실릴 운명에 처해 있었단다.

오드리는 세계 사람들에게 말했어.

"누워 있을 뿐 아무 소리도 없는 아이들을 상상할 수 있을까요? 당신이 그 광경을 보았다면 결코 잊지 못할 겁니다."

누군가 오드리에게 물었어.

"당신은 왜 자신을 희생하면서까지 아이들을 돌보죠?"

오드리는 대답했어.

"희생이 아닙니다. 오히려 내가 받은 선물입니다."

1992년 11월, 오드리는 직장암 진단을 받았어. 이미 온몸으로 암이 퍼진 상태였지. 담당 의사가 말했단다.

"오드리, 미안해요. 손을 쓸 수가 없군요."

의사가 고개를 숙이자 오드리는 말했어.

"미안하실 것 없어요. 제 운명인 걸요. 신이 제게 주신 시간이 얼마쯤 남았어요?"

"……3개월쯤입니다."

오드리는 집으로 돌아와 마지막 시간을 가족과 보냈어. 크리스마스가 다가오자 가족을 불러 모았지.

아들 숀에게 말했어.

"내가 좋아하는 시가 있어. 한번 들어보렴."

아름다운 입술을 갖고 싶으면
친절한 말을 하라.
사랑스런 눈을 갖고 싶으면
사람들의 좋은 점을 보라.
날씬한 몸매를 갖고 싶으면
음식을 배고픈 사람과 나누라.
아름다운 자세를 갖고 싶으면
결코 너 자신이 혼자 걷고 있지 않음을 명심하며 걸어라.
……
결코 누구도 버려져서는 안 된다.

기억하라. 만약 네가 도움을 주는 손이 필요하다면
너의 팔 끝에 있는 손을 이용하면 된다.
더 나이가 들면 손이 두 개라는 것을 발견하게 될 것이다.
한 손은 자신을 돕는 손이고
다른 한 손은 다른 사람을 돕는 손이다.

크리스마스를 보낸 지 한 달 못 된 1993년 1월 20일, 오드리는 눈을 감았어. 그녀의 나이 63세였단다. 세계 평화를 위해 일한 오드리 헵번을 기리기 위해 2004년 '오드리 헵번 평화상'이 만들어졌어. 오드리처럼 인류에 대한 사랑과 세계 평화을 위해 애쓴 사람들에게 주는 상이란다.

오드리 헵번

Audrey Hepburn
1929년 5월 4일 ~ 1993년 1월 20일

1929 벨기에의 브뤼셀에서 태어났다.

1948 영국의 램버트 발레학교에 들어갔다.

1952 연극 〈지지〉에 출연하여 세상에 이름이 알려졌다.

1953 영화 〈로마의 휴일〉로 최고 인기의 영화배우가 되었다.

1954 〈로마의 휴일〉의 성공으로 제26회
미국 아카데미 시상식에서 여우주연상을 수상했다.
영화 〈사브리나〉가 개봉되었다.

1955 〈전쟁과 평화〉(1955), 〈화니 페이스〉(1957),
〈하오의 연정〉(1957), 〈파계〉(1959)가 연달아 개봉되었다.

1960 아들 숀이 태어났다. 숀이란 신의 선물이란 뜻이다.

1965 〈샤레이드〉로 제18회 영국 아카데미 시상식에서
여우주연상을 수상했다.

1988 유니세프의 친선대사로 임명되었다.

1993 세상을 떠났다.

1999 미국 영화 연구소에서 선정한 '지난 100년간 가장 위대한
100명의 스타'의 여성 배우 목록에서 3위에 올랐다.

2004 〈오드리 헵번 평화상〉이 만들어졌다.

 궁금해요!

오드리 아줌마, 커서 뮤지컬 배우가 되어 무대에 서고 싶은 소빈이에요. 무대에 서면 떨려서 대사도 잊어버릴 것 같아요. 또 정말 하고 싶지 않은 장면을 연기해야 할 때는 어떻게 하지요?

무대에서는 누구나 떨린다는 사실을 잊지 마라. 아마추어든 프로든 떨리기는 마찬가지란다. 연습을 많이 하고 자신감이 생기면 떨리는 마음은 사라지고 연기하느라 정신을 쏟기 마련이야.

나는 말 타기를 좋아하지 않았어. 예전에 조랑말에서 떨어져 쇄골이 부러진 적이 있기 때문이야. 그래서 말 타는 장면을 찍을 때면 죽도록 싫었어. 그렇다고 다른 사람으로 대역한다는 것은 관객을 속이는 일이라고 여겼지. 나는 용기를 내서 말에 올라탔어. 갑자기 말이 앞발을 들더니 나는 바닥에 쿵, 떨어지고 말았지. 들것에 실려 병원으로 옮겨졌단다. 몇 번이나 기절을 했는지 몰라. 갈비뼈 4개에 금이 갔고 척추 뼈 두 군데가 부러졌지. 입원하여 치료를 받아야 했지만 마냥 병원에 있을 수 없었어. 나는 들것에 실려 촬영 현장을 돌아다녔어. 통증을 참으며 연기를 하였고 무사히 촬영을 마칠 수 있었단다.

경찰에게 쫓기다가 물에 빠지는 촬영이 있었어. 수영을 잘 못하기 때문에 겁부터 났지. 물속에 들어갔는데 수초에 발이 걸려 빠져나올 수 없는 거야. 마치 물귀신이 나를 잡아끈다는 생각이 들어, 순식간이지만 죽을 수도 있겠다는 두려움이 왔단다. 하지만 수초에서 빠져나왔고 촬영을 마칠 수 있었지.

나는 연기하는 순간순간이 자신과의 싸움처럼 느껴졌어. 그렇다고 그만두지 않았어. 언제나 스스로에게 힘과 용기를 주며 지냈지.

"오드리, 참 잘했어!" 하고 칭찬했단다.

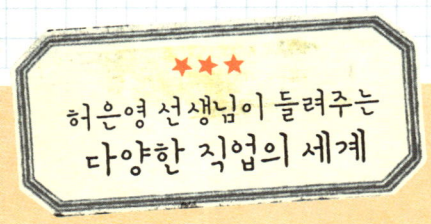

허은영 선생님이 들려주는
다양한 직업의 세계

연예인

★ 어떤 일을 하나요?

드라마나 영화, 공연 등을 통해 감동을 주는 사람을 본 적이 있지요? 멋진 목소리로 노래를 부르는 가수, 연기를 보여 주는 탤런트, 개그를 통해 우리에게 웃음을 주는 개그맨 등 다양한 사람들이 있어요. 이런 일을 하는 사람들을 모두 연예인이라고 합니다. 연예인은 자신이 가지고 있는 끼와 재능을 TV, 라디오, 영화 또는 무대에서 보여 주는 일을 한답니다. 때로는 우리를 웃게 해 주기도 하고, 울리기도 하지요. 직접 만날 수는 없지만 친한 사람처럼 느껴져요.

★ 무엇을 잘해야 하나요?

많은 사람들 앞에서 연기를 해야 하므로 떨지 않으면서 당당해야 합니다. 그리고 극중 인물을 잘 표현할 수 있는 연기력, 자신만의 생각이나 느낌을 잘 드러낼 줄 아는 능력과 또박또박 말하는 능력이 있어야 합니다.

★ 어떻게 하면 될 수 있나요?

어떤 분야의 연예인이 되느냐에 따라 달라지지만 자신의 끼와 재주를 보여 주어야 하고 학원이나 학교에서 공부를 통해 그 능력을 배울 수도 있습니다. 최근에는 오디션으로 기획사에 들어간 뒤 회사에서 체계적인 훈련을 받는 경우가 많지요?

연예인에 대해 더 알고 싶다면 한국연예예술인협회(www.keas.kr) 홈페이지가 도와줄 거예요.

방송 연출가(PD)

★ 어떤 일을 하나요?

슬픈 드라마를 보았어요. 어쩌면 그렇게 슬픈지 보는 내내 눈물을 흘렸어요. 이렇게 감동적인 드라마를 제작하는 사람은 누구일까요?

바로 방송연출가(프로듀서)예요. 방송연출가는 라디오나 텔레비전의 프로그램을 기획하고 제작하는 일을 해요. 완성된 대본을 평가하고 배역을 정하며 의상, 무대 배경, 음악, 카메라 작업, 시간 배정 등을 다른 제작진들과 토의해서 결정해요. 그뿐만이 아니에요. 촬영 일정을 결정하고 장소 섭외, 무대 배경 설치, 소품과 장비 준비 등 전반적인 사항을 지시하며 촬영을 총지휘하지요.

★ 무엇을 잘해야 하나요?

방송연출가는 창의력과 독창적인 아이디어가 있어야 하며, 많은 사람들을 지휘할 수 있는 통솔력과 위기 대처 능력이 있어야 해요. 다양한 정보를 폭넓게 알아야 하며 하루 종일 촬영하는 경우가 많기 때문에 몸이 건강하고 대인관계가 원만해야 해요.

★ 어떻게 하면 될 수 있나요?

방송연출가가 되기 위해서는 4년제 대학을 졸업하는 것이 일반적이에요. 방송문화원 등의 관련 기관에서 기초를 닦는 것도 방법이지요. 그리고 방송사, 혹은 독립 프로덕션의 시험을 통과해야 해요. 방송연출가에 대해 더 많은 정보를 알고 싶다면 PD저널(http://www.pdjournal.com) 홈페이지를 살펴보세요. 현직 PD들의 블로그를 모아 놨고 PD의 업무와 관련된 정보도 있답니다.

아나운서

★ 어떤 일을 하나요?

뉴스를 보면 여자와 남자가 함께 나와 진행을 하지요? 그날의 사건과 기사를 빠르게 전달하는 이런 사람을 '아나운서'라고 합니다. 뉴스가 끝날 때쯤 내일의 날씨를 알려주는 사람은 '기상캐스터'라고 부른답니다.

아나운서는 뉴스나 정보를 전달하여 우리가 많은 정보를 얻을 수 있도록 도와주고 기상캐스터는 날씨를 미리 알려 주어 날씨에 따라 우리의 생활을 미리 준비할 수 있도록 도움을 줍니다.

★ 무엇을 잘해야 하나요?

아나운서가 되기 위해서는 정확한 표준말을 사용해야 하고 자신의 생각을 요령 있게 표현해야 합니다. 뉴스를 진행하며 발생하는 갑작스러운 상황에 순발력 있게 대처해야 하며 정보수집 능력, 분석력, 그리고 사실을 정확하게 전달하는 능력이 있어야 합니다. 아나운서의 대본은 작가가 써 주기도 하지만 기상캐스터는 멘트를 스스로 작성하기 때문에 글 쓰는 능력도 필요하지요.

★ 어떻게 하면 될 수 있나요?

발표를 또박또박 잘하도록 준비하고 자신의 이야기를 정확하게 전달할 수 있도록 연습하는 것이 좋습니다. 외국어를 배우는 데 힘쓰고 표준어를 사용하도록 노력해야 합니다. 그리고 고등학교나 대학교의 방송부에서 활동하며 경험을 쌓는 것이 도움이 될 수 있습니다. 한국아나운서연합회(www.announcer.or.kr) 홈페이지를 둘러보면 아나운서에 대해 더 많이 알 수 있을 거예요.

사회복지사

★ 어떤 일을 하나요?

사회복지사는 사회적인 문제, 개인적인 문제로 어려움에 처한 사람들을 만나서 문제를 파악하고 이것을 해결하는 데 필요한 것들을 제공하는 일을 합니다. 아무리 노력해도 살면서 겪는 문제들을 해결할 수 없는 경우가 참 많아요. 사회복지사는 이런 사람들을 위해 여러 가지 복지정책을 만들고 복지서비스를 제공하려고 노력한답니다.

★ 무엇을 잘해야 하나요?

사회복지사는 사람들을 존중하는 마음과 봉사정신이 있어야 해요. 상대방에 대한 배려와 협동심, 원만한 관계를 위한 의사소통 능력도 요구돼요. 그리고 다른 사람의 욕구와 행동에 적절하게 대응할 수 있는 문제해결 능력과 다른 사람을 설득할 수 있는 능력도 필요해요.

★ 어떻게 하면 될 수 있나요?

사회복지사가 되려면 한국사회복지사협회에서 발급하는 사회복지사 자격증이 필요해요. 전문대학이나 대학교에서 사회복지학과를 졸업하면 2급 자격증이 생기고 시험에 합격하면 1급 자격증이 나오지요. 사회복지사에 대해 더 많은 것을 알고 싶다면 한국사회복지사협회(http://www.welfare.net) 사이트를 방문해 보세요.

카피라이터가 되려면 데이비드 오길비처럼!

"소비자는 바보가 아니다, 사실을 말하라."

아홉 살 데이비드 오길비는 영국 런던의 어느 초등학교에 입학했어. 귀족의 자녀들만이 다니는 기숙학교야. 기숙학교란 학생들이 집과 떨어져 학교 기숙사에서 잠을 자고 공부도 하는 곳이지. 오길비가 태어날 때만 해도 오길비의 집은 경제적으로 넉넉한 편이었어. 부모님은 오길비가 교육을 잘 받아 훌륭한 학자가 되길 바라셨지.

"공부를 열심히 해야 한다. 그래야 꿈을 이룰 수 있지."

"네. 아버지."

하지만 어릴 적 오길비의 꿈은 달랐어. 어른들이 물으면 거침없이 대답했지.

"어떤 물건이든 번쩍 잘 들어 올리는 힘센 흑인이 되고 싶은걸요."

"그런 거 말고 다른 꿈, 예를 들면 학자라든가."

"없어요."

오길비는 어른이 되어서 하고 싶은 것이 별로 생각나지 않았어.

소년으로 성장한 오길비는 정치가가 되고 싶었어.

"난 커서 영국 수상이 될 거야."

"수상이라면 대단한데!"

엄마는 오길비를 지지해 주었어. 아버지를 실망시키고 싶지 않아서, 오길비는 공부를 열심히 했단다. 마침내 옥스퍼드 대학에 입학할 수 있었어. 영국에서는 손꼽히는 최고의 대학이야.

주위 사람들은 오길비를 응원했어. 역사학자인 필링 교수는 장학금을 주며 격려했지. 하지만 오길비는 학교 생활에 적응하지 못했어. 공부에 흥미를 못 느끼고 수업을 빠지는 일이 많아졌단다.

"오길비 군은 오늘도 안 왔나? 과제도 내지 않았군."

결국 오길비는 학교에서 쫓겨났어. 오길비를 도와 준 사람들은 안타까워했단다. 특히 아버지의 실망은 아주 컸어.

오길비는 고개를 떨구고 말했어.

"아버지, 죄송해요. 도무지 공부에 흥미가 없습니다."

"내 욕심이 컸나 보구나."

"여행을 하면서 경험을 쌓고 싶습니다."

"그래, 여행하면서 원하는 것을 찾아보도록 해."

아버지는 사랑하는 자식이 원하는 대로 놓아 주었어.

자신이 가장 잘하는 일을 찾아서

오길비는 보따리를 싸서 프랑스 파리로 갔어. 마침 마제스틱 호텔에서 낸 구인 광고를 보았지.

"요리사 보조 구함."

오길비는 요리사라는 직업이 그럴듯해 보였어. 멋진 요리를 어떻게 만드는지 궁금했지. 취직을 했지만 일은 힘들었어.

"오길비, 매일 새벽시장에 가서 필요한 음식 재료를 사 와."

"뭐하고 있어? 접시를 닦아야지."

오길비는 열심히 일을 했어. 새벽마다 싱싱한 요리 재료를 사 왔으며, 날마다 수백 개의 접시를 닦았지.

"손님들이 데려온 강아지에게 요리를 챙겨 주고 있는 거야?"

오길비는 강아지에게 줄 요리도 만들었어. 주방에는 서른일곱 명의 요리사가 일을 했는데, 아침부터 저녁까지 땀에 젖어 소리치며 음식을 했어. 목표는 오직 하나, 다른 요리사가 만든 요리보다 더 훌륭한 요리를 만드는 거야.

"형편없는 요리를 했다간 당장 쫓겨날 줄 알아."

수석 요리장인 삐딸은 사람들을 다그쳤어. 요리 솜씨가 없는 요리사를 쫓아내기도 했지.

'요리사가 되는 건 정말 힘들구나.'

하루는 식품 저장실 책임자가 오길비를 불렀어.

"송아지 췌장을 요리사에게 가져가게."

오길비는 재료가 썩었다는 것을 금방 알 수 있었어. 냄새가 났기 때문이야.

"썩었잖아요. 어떻게 요리를 합니까?"

오길비가 항의했어. 저장실 책임자는 오길비에게 속삭였어.

"재료가 동이 난 걸 알면 수석 요리장이 날 가만두지 않을 거야."

"그래도 사실대로 말해야 합니다."

저장실 책임자가 소리를 질렀어.

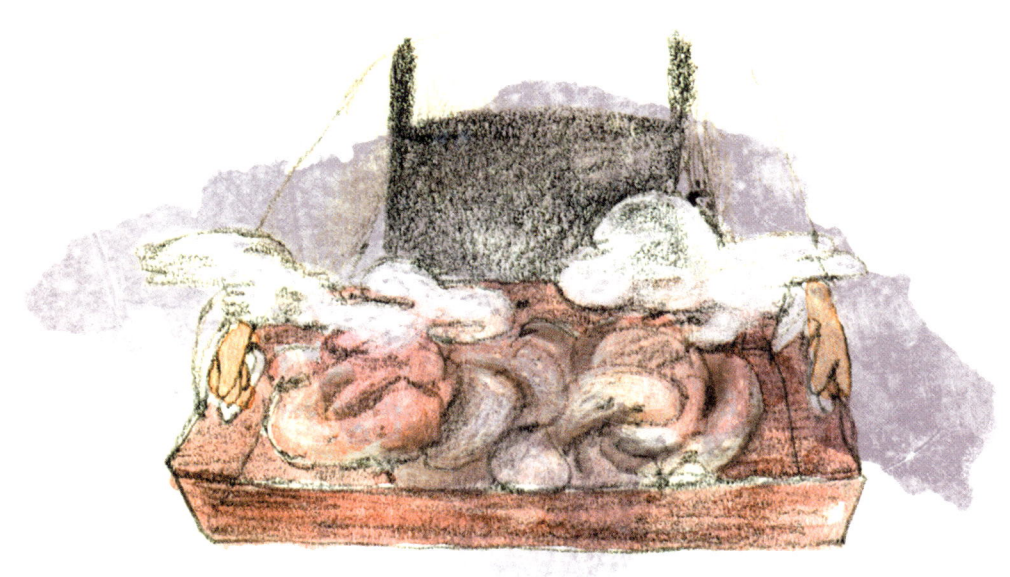

"가져가! 소스를 뿌려서 냄새를 없애면 돼."

오길비의 양심이 허락하지 않았어. 어떻게 썩은 재료로 요리를 만들 수 있지?

오길비는 수석 요리장을 찾아갔어.

"냄새를 맡아 보십시오."

수석 요리장은 인상을 찌푸렸어. 곧바로 식품 저장실 책임자는 주방에서 쫓겨났지.

> 요리사가 부패한 송아지 췌장에 소스를 뿌려 냄새를 가리게 되면 결국 손님은 그걸 먹게 될 것이다. 나는 손님의 목숨이 위태롭게 되리라는 것을 알았다.

요리사는 매우 힘든 직업이었어. 가장 월급을 많이 받는 요리장이 되려면 35세 이상이 되어야 해. 오길비는 힘든 일을 무려 13년간 해야 한다고 생각하니 끔찍했어. 오길비의 나이 겨우 스물두 살인데 말이야. 13년이 지났다고 무조건 요리장이 되는 게 아니라, 엄청난 노력을 해야 한다는 사실이 오길비를 더욱 힘들게 했어.

오길비는 요리사 생활을 접고 다른 직업을 찾기로 했어. 스코틀랜드에서 새로 찾은 직업은 오븐 판매원이야. 집집마다 돌아다니며 오븐을 팔았는데 쉬운 일이 아니었어. 문을 안 열어주는 주인들이 많았기 때문이야.

오길비는 오븐을 직접 써 보면서 장점을 하나씩 찾았어. 오븐에 대한 특징과 장점, 사용법을 꼼꼼히 써서 사람들에게 보여 주었단다.

"와, 정말 좋은 오븐이네요."

오길비는 오븐을 많이 팔았어. 회사에서 판매량 1위를 기록할 정도였으니까. 오븐회사 사장은 오길비에게 다른 사원들도 볼 수 있도록 오븐 판매 보고서를 만들라고 했어. 1935년, '아가 쿠거 판매의 이론과 실제'를 내놓았지. 오길비는 이 보고서를 형에게도 보냈어. 오길비의 재능을 안 형은 광고회사에 취직할 수 있도록 도왔단다.

좋아하는 일이라면 코피가 터져도 좋아

훗날 '광고의 천재'라 불리는 오길비가 처음으로 광고회사에 발을 디딘 거야. 3년간 오길비는 코피가 터지도록 열심히 일을 했어. 주로 하는 일은 미국 광고를 모니터하는 일이었어. 당시 광고가 발달한 곳이 미국이기 때문이야. 광고 카피는 한 줄도 쓰지 못했지. 광고에 흥미를 느낀 오길비는 미국으로 건너가 광고를 배우고 싶었어.

오길비는 미국 뉴욕으로 건너갔어. 하지만 광고회사에 취직한다는 것은 쉬운 일은 아니었지. 경력이 짧고 학력도 부족했기 때문이야. 그

나마 갤럽 여론조사 연구소에 자리를 얻을 수 있었어. 주급 40달러짜리 일이지만 오길비에게는 아주 좋은 경험이 되었어. 훗날 광고회사에서 성공할 수 있었던 데는 갤럽에서 일한 경험이 컸다고 해.

"갤럽은 그 나라 사람들이 생활 속에서 무엇을 원하는지, 사람들의 관심은 무엇인지, 습관은 어떠한지를 알려 줍니다."

1939년에 제2차 세계 대전이 일어나자, 오길비는 회사를 그만두었어. 농촌 생활을 해 보고 싶었거든. 필라델피아의 농업 공동체 마을에 들어가 농부가 되었단다. 결혼도 하고 담배농사도 지었지. 누가 보아도 안정되고 행복한 생활이었어. 하지만 자신이 시골 생활에 맞지 않다는 것을 곧 깨달았어. 대도시 뉴욕 생활이 그리웠단다.

오길비는 서른여덟 살이 되어 뉴욕으로 다시 돌아왔어. 당시 잘나가던 광고회사 '영앤루비캠'에 들어가고 싶었지만 받아 주질 않는 거야. 나이가 많고 광고 카피 한 줄 써본 경력도 없었기 때문이야.

"이 남자 고용할 광고대행사 어디 없나요? 나이는 서른여덟이고 실업자예요. 대학은 중퇴했어요. 요리사, 세일즈맨을 했고, 농사도 지었어요. 마케팅에 대해선 하나도 모르고, 카피는 한 줄도 써 본 적이 없어요. 광고 일을 직업으로 삼기를 원하는데, 연봉 5천 달러를 주시면 일할 생각이에요."

오길비는 자신을 소개한 이력서를 가지고 다녔지만, 아무도 거들떠보지 않았어. 하는 수 없이 광고대행사를 세우기로 마음먹었어. 광고계에서 자신이 성공할 수 있다는 자신감으로 꽉 차 있었거든.

오길비는 자신의 돈과 형의 도움으로 광고회사를 차렸어. 처음에는 큰 기업의 광고주를 고객으로 삼을 수 없었지. 누가 갓 차린 광고회사에 일을 주겠어? 6개월이 지나자 자본금이 바닥이 났어. 오길비는 마음이 초조해졌어. 돈을 빌려서 부도 위기는 넘겼지만 당장 광고주를 잡아야 했지. 작은 기업의 광고주라도 잡기 위해 애를 썼단다.

그때 해서웨이 와이셔츠 사장이 오길비를 찾아왔어. 116년 동안 와이셔츠를 만들어 온 중소기업인데, 광고를 통해 매출을 올리고 싶다는 거야.

"저희 회사의 와이셔츠 품질은 최고입니다. 그런데 사람들이 알아주질 않아요."

오길비는 사장이 가져온 해서웨이 와이셔츠를 꼼꼼히 살펴보았어. 입어 보기도 하고 말이야. 오길비는 품질이 나쁜 제품을 소비자에게 사라고 광고한다는 게 정직하지 못한 태도라고 생각했어.

"좋은 제품이네요. 얼마든지 광고로 매출을 올릴 수 있습니다."

오길비는 좋은 제품이 훌륭한 광고를 만들 수 있고, 훌륭한 광고는 소비자 반응이 좋아 매출을 올릴 수 있다고 확신했지.

그런데 막상 작업에 들어간 오길비는 난감해졌어. 해서웨이 제품의 품질이 경쟁회사와 별 차이가 나지 않았기 때문이야. 다른 방법을 찾아야 했단다.

'해서웨이 셔츠를 입은 광고 모델을 브랜드화하자.'

광고 모델을 사람들 눈에 확 띄게 하는 뭔가가 필요했어. 오길비는 길을 갈 때나 밥을 먹을 때나 궁리를 했지. 하지만 뾰족한 방법이 떠오르지 않았단다.

광고 촬영하는 날이 다가왔어. 오길비가 스튜디오로 터벅터벅 무거운 발걸음을 향하고 있었을 때야. 머리가 번쩍하며 생각이 스쳐 지나갔단다.

'모델을 애꾸눈 신사로 만들면 어떨까?'

해서웨이 와이셔츠를 입은 애꾸는 신사! 사람들은 왜 애꾸눈일까 하고 호기심을 보이겠지. 자연스레 광고 문구에 눈이 갈 거야.

오길비의 발걸음이 저절로 약국으로 향했어.

"안대를 주세요."

오길비는 안대를 쥐고 스튜디오로 뛰었어. 광고 모델은 졸지에 애꾸눈 신사로 바뀌었지. 애꾸눈 신사는 양복을 맞추기 위해 치수를 재는가 하면, 뉴욕 필하모닉을 지휘하기도 하고, 카드 게임을 하는 등 다양한 모습으로 광고에 등장했단다.

사람들은 오길비의 예상대로 광고에 반응했을까? 안대를 쓴 남자가 궁금해서 광고에 호기심을 가지고 보았을까?

　오길비의 광고는 적중했어. 애꾸눈 신사는 사람들의 호기심을 불러일으켰지. 해서웨이 와이셔츠는 116년 만에 처음으로 불티나게 팔렸어. 와이셔츠가 안 팔려 전전긍긍하던 회사가, 이제는 만들 옷감이 부족해서 전전긍긍해야 했단다. 해서웨이 셔츠는 미국의 '국민 브랜드'가 되었어.

　"오길비, 당신은 광고의 천재요."

　해서웨이 사장은 오길비를 칭찬했어.

> 눅눅한 화요일 아침
> 내 머리를 스친 아이디어 하나가
> 나를 유명하게 만들어 버렸다.

　헤서웨이 광고는 오길비의 이름을 세상에 알리는 계기가 되었어. 해서웨이 모방 광고만 백 가지가 넘게 나왔다고 해. 오길비가 광고를 싣는 형식은 독특했어. 광고 지면의 3분의 2 이상을 사진으로 채웠으며, 그 아래엔 쉽고 간결한 문구의 헤드 카피가 들어가.

　"한눈에 해서웨이 셔츠를 알아보는 5가지 방법"

The man in the Hathaway shirt

A

"해서웨이 셔츠는 조금 비싸지만, 더 좋은 품질은 언제나 그렇습니다."

이런 식으로 말이야. 머리글 아래에는 상품의 장점에 대해 꼼꼼하게 쓴 글을 집어넣었어. 오길비는 왜 이런 형식을 고집했을까?

궁금한 신문기자가 오길비에게 물었어.

"언제 봐도 광고 형식이 같은데 왜 그렇죠?"

"사람들이 신문을 볼 때 가장 잘 기억하는 것은 사진 밑에 있는 설명 글입니다. 읽기 편하거든요. 갤럽에서 일할 때 안 사실입니다."

오길비는 이제 광고주를 찾아다닐 필요가 없어졌어. 여기저기에서 광고주가 찾아와 광고를 부탁했거든.

오길비가 만든 최고의 카피는 무엇일까?

1954년, 푸에르토리코의 정부 최고 관리인 테드 모스코소가 찾아왔어.

"푸에르토리코에서 생산하는 주류 광고를 만들어 주십시오. 당장 물건을 팔아야 나라 경제를 살릴 수 있어요."

푸에르토리코는 실업률이 40퍼센트가 넘었고 나라 경제는 무너지고 있었어. 한시바삐 경제를 일으켜야 할 어려운 상황에 놓여 있었지.

오길비는 망설임 없이 대답했어.

"미국인들 대부분은 푸에르토리코를 가장 가난하고 더러운 나라로 여겨요. 많은 푸에르토리코인들이 미국의 빈민가에 살고 있기 때문에, 이런 편견이 생긴 거죠."

"어떻게 해야 합니까?"

"국가 이미지를 바꾸십시오. 아름답고 사랑스런 이미지가 되어야 합니다."

오길비는 국가 이미지를 바꾸면 푸에르토리코 물건은 저절로 팔릴 수 있다는 생각을 했어. 국가 이미지를 '카리브해의 가장 아름다운 섬'으로 잡으면 어떻겠냐고 제안했지.

"좋습니다. 광고 제작을 해 주십시오."

테드 모스코소는 매우 좋아했어.

오길비는 광고제작에 들어갔어. 10일 동안 집에 있으면서 광고를 쓰는 것 말고는 아무것도 안했지. 수십 개의 카피 중에서 최종 선택된 게 이거야.

"퍼블로 카살스가 푸에르토리코의 집으로 돌아옵니다."

퍼블로 카살스는 푸에르토리코 출신으로 세계적인 첼로 연주자야. 바디 카피에는 푸에르토리코를 아름다운 섬나라라고 소개하고 음악축제가 열리는 푸에르토리코로 오라는 광고를 냈어. 누구라도 한 번쯤 푸에르토리코에 와보고 싶어 할 광고가 탄생한 거야!

오길비의 광고 덕분에 푸에르토리코는 '신혼부부가 가 보고 싶은 섬나라'로 바뀌었어. 관광 수입은 6년 동안 1천9백만 달러에서 5천3백만 달러로 늘어났지. 오길비의 광고 덕분에 400년 동안 가난에 허덕이던 나라가 어둡고 긴 불황의 터널을 빠져나올 수 있었단다.

오길비의 광고 중에 1958년에 등장한 롤스로이스 자동차 광고도 유명해. 롤스로이스 광고를 맡았을 때도, 언제나처럼 오길비는 광고주의 제품을 사용한다는 규칙을 따랐어. 해서웨이 와이셔츠도, 도비 비누도, 광고할 물건을 꼭 사서 써보고 품질을 따졌거든. 품질이 좋지 않으면 오길비는 광고를 만들지 않을 생각이었단다.

'내가 나쁘다고 생각한 제품을 소비자한테 권한단 말인가!'

오길비는 그것이 정직하지 못한 태도이고, 결국 광고도 실패한다고 판단했어. 다시 말하면 카피라이터도 잘 알지 못하면서 소비자에게 이러쿵저러쿵 사실인 양 알리는 것은 속임수라고 여겼거든. 소비자에게 제품 정보를 정확하게 전달하는 게 광고의 역할이라고 생각했단다.

> 소비자는 바보가 아니다. 당신의 아내다.
> 단순한 슬로건이나 몇 마디의 형용사로
> 당신의 아내가 물건을 산다고 생각한다면
> 아내를 모욕하는 것이다.

　오길비는 소비자가 원하는 것이 무엇인지 조사했어. 운전 중 소음이 심하면 자동차의 품질이 떨어진다고 생각하는 소비자가 많다는 것을 알아냈지. 조사를 마친 오길비는 자신감이 생겼어.

　"시속 50마일로 달리는 뉴롤스로이스 안에서 가장 큰 소리는 전자 시계의 초침 소리입니다."

　오길비가 쓴 이 카피는 20세기 광고의 역사에서 유명한 카피 중의 하나로 손꼽혀. 헤드 카피 아래에는 롤스로이스 자동차의 좋은 점 열세 가지를 간결하게 써 놓았단다.

　"뉴롤스로이스는 소음이 아주 적습니다."

　"뉴롤스로이스 차 안은 아주 조용합니다."

라고 했다면 어땠을까? 평범하고 눈에 띄는 카피가 되지 못했을 거야.

　이 광고는 일간지 두 곳과 잡지 두 곳에 실렸을 뿐인데, 효과가 컸어. 심지어 이 광고를 본 롤스로이스 엔지니어가 한마디 했는데 이 말도 유명해졌지.

"그 망할 놈의 시계를 손보아야 해."
라고 말이야. 사람들은 소음이 적은 롤스로이스를 주문했어. 차는 비싼 가격에도 불구하고 불티나게 팔렸지. 경쟁회사인 포드는 불안했어. 롤스로이스 차보다 더 조용하다는 것을 소비자에게 알려야만 했지. 포드는 광고를 하느라 수백만 달러를 쏟아 부어야 했단다.

오길비가 만든 광고로 롤스로이스 차는 좋은 반응을 얻었어. 하지만 롤스로이스가 미국에 수출한 자동차 중에서 약 500대 정도에 문제가 있다는 게 드러났지. 오길비는 곧바로 롤스로이스 광고를 그만두었단다. 소비자에게 좋지 못한 물건을 파는 것은 광고인으로서 부끄러운 행동이라고 생각했거든.

그 일을 계기로 오길비는 광고를 맡을 때 제품을 더욱 꼼꼼히 따져 보았어. 메르세데스 광고를 하게 되었을 때도 마찬가지였지. 메르세데스가 좋은 차인지 알아보기 위해 무척 공을 들여야 했어. 오길비는 차를 만드는 본사에 팀원들을 보내 엔지니어를 직접 찾아가 인터뷰를 하게 했단다. 그 자료로 사실 위주의 광고를 했지. 1년에 1만 대 팔리던 메르세데스는 오길비가 광고를 맡은 후에 4만 대까지 팔렸어.

오길비가 경영하는 오길비 앤 매더 회사는 승승장구 성장하였어. 1990년대 중반에는 64개국에 272개의 지점을 둔 회사가 되었단다. 오길비 앤 매더 파리 지사에서 만든 접착제 광고를 볼까? 아나운서

구두 바닥에 접착제를 바르고 그 아나운서를 거꾸로 천장에 붙이는 장면이야.

'와, 정말 강력한 접착제구나. 나도 써 봐야겠어.'

이런 생각이 들면 광고는 성공한 거야.

오길비는 엄청난 돈을 벌었어. 하지만 경영에 흥미를 못 느낀 오길비는 카피라이터로 인정받길 원했지. 언제나 새벽 5시에 일어나 아침을 먹을 때까지 카피를 썼으며, 이른 시간에 출근해 광고 카피를 고민했단다.

또한 오길비는 자신의 재능으로 사회에 이바지하길 원했어.

'카피라이터로서 내 재능을 기부할 곳을 찾아야겠어.'

오길비는 세계야생동물기금에서 활동하기로 했어. 사라져 가는 야생동물 즉 자이언트 판다, 북극곰, 마젤란 펭귄 등을 보호하는 활동을 하는 곳이야.

"자이언트 판다가 살기 위해서는 여러분의 도움이 필요합니다."

오길비 앤 매더가 만든 헤드 카피는 사람들의 마음을 움직였어. 이 밖에도 뉴욕 필하모닉, 흑인대학연합기금, 세계적인 환경운동단체인 시에라 클럽 등에 재능을 기부했단다.

1975년, 오길비는 경영에서 물러나 프랑스에 있는 성에서 남은 삶을 보내기로 결정했어. 광고를 만드는 사람이라면 읽어야 할 여러 책들을 썼지. 광고의 기본을 세운 공로를 인정하여, 1978년 아델파이 대학에서 명예 문학박사 학위를 받기도 했어. 오늘날에도 오길비 앤 매더는 세계에서 가장 유명한 광고대행사 중의 하나로 꼽힌단다.

"좋은 제품은 정직한 광고로도 판매할 수 있다. 제품이 훌륭하다고 생각하지 않는다면, 여러분은 그 제품을 광고할 자격이 없다."

데이비드 오길비
David Ogilvy
1911년 6월 23일 ~ 1999년 7월 21일

1911 영국 웨스트호슬레이에서 태어났다.
1918 아버지의 연이은 사업 실패로 가난에 쪼들렸다.
1931 옥스퍼드 대학교에 입학했다. 낙제점을 받아 퇴학당했다.
1938 호텔요리사, 오븐 영업 사원 등 다양한 직업을 전전했다.
1938 미국으로 건너가 여론조사기관 갤럽에서 일하며 소비자와 시장의 흐름을 분석하는 일이 중요하다는 것을 배웠다.
1948 시골에서 농사를 짓다가 뉴욕으로 돌아와 광고회사를 세웠다.
1951 해서웨이 와이셔츠 광고를 만들어 유명해졌다.
1957 푸에르토리코 국가 이미지 광고를 성공시켰다.
1958 롤스로이스 자동차로 이름을 날렸다.
1975 경영에서 물러나 프랑스에 있는 성에 머물었다.
1977 미국 '광고명예의 전당'에 이름을 올렸다.
1999 세상을 떠났다.

오길비 아저씨, 카피라이터가 되고 싶은 지수예요.
광고를 잘 쓰려면 어떻게 해야 하나요?

누구든지 카피를 쓸 수 있어. 집에서 기르던 강아지를 잃어버렸다면, 광고를 만들어 사람들의 눈에 띄게 여기저기 붙여야겠지. 또는 내가 좋아하는 물건을 교실에서 잃어버렸다면, 아이들에게 알리는 광고를 만들 수 있어.

도브 광고의 카피를 쓸 때 '진부한'이라는 낱말보다는 '한물간'이라는 말이 사람들에게 더 다가온다는 사실을 알았어. 카피는 사람들이 일상의 대화에서 자주 쓰는 쉬운 말이어야 설득력이 있단다.

이야기 형태로 카피를 쓰는 것도 좋아. 이를테면 '내가 피아노 앞에 앉았을 때 그들은 웃었습니다. 그러나 내가 연주를 시작했을 때……'와 비슷한 형태로 말야. 그런데 '렘브란트 초상화가 걸작이듯 우리 제품도 그러합니다', '식물이 수분을 필요로 하듯 당신의 피부도 그러합니다' 같은 유추하는 말은 좋지 않아. 독자들은 잘 이해하지 못한단다. '우리 제품은 세계 최고입니다'와 같은 최상급 표현도 소비자에게 믿음을 주지 못하지.

내 경험으로 보면 짧은 카피보다 긴 카피가 제품 판매에 도움이 되었어. 긴 카피를 읽게 하려면 훌륭한 문구를 작성해야겠지. 특히 첫 단락은 반드시 사람들이 깜짝 놀랄 정도로 흥미진진한 내용이어야 해. '휴가를 간다는 것은 모든 사람들이 고대하는 기쁨입니다'는 아니라는 거야. 좀 더 사람들이 놀랄 만한 이야기를 찾아야 한단다. 이 밖에도 카피 쓰는 요령은 많아. 지금 당장이라도 자신을 친구들에게 알리는 광고 카피를 만들어 보렴!

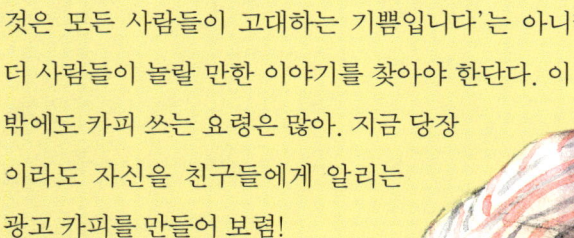

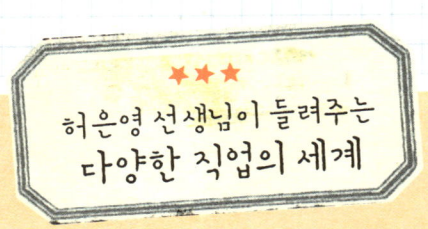

허은영 선생님이 들려주는
다양한 직업의 세계

카피라이터

★ 어떤 일을 하나요?

카피라이터는 기억될 수 있는 광고 문구나 문안을 작성하는 일을 해요. 상품 또는 용역에 관한 정보를 얻고 광고 문안의 길이와 형태 등을 토의하기 위해 광고주 및 시장조사 분석가와 협의합니다. 그리고 상품의 효능, 기업 이미지, 대중의 생활 방식 등에 대한 자료를 바탕으로 상품과 서비스의 판매를 활발하게 하기 위한 아이디어와 원고를 작성하지요.

★ 무엇을 잘해야 하나요?

카피라이터에게는 아이디어를 명확한 논리와 풍부한 감성으로 문장화하는 능력이 필요해요. 물론, 소비자들이 추구하는 가치관이나 시대의 흐름을 파악할 수 있는 능력도 요구됩니다. 또한 항상 새로운 아이디어를 생산할 수 있도록 노력하고 이에 대한 스트레스를 잘 견뎌낼 수 있는 인내심과 대처능력이 필요하지요.

★ 어떻게 하면 될 수 있나요?

카피라이터가 되기 위해 요구되는 학력 제한은 없지만, 전문대학이나 대학교의 국문학 혹은 광고 관련 학과를 졸업하는 것이 유리해요. 또는 한국방송광고공사에서 주관하는 광고교육원의 교육 과정이나 민간 교육 시설을 통해 카피라이터가 되기 위한 훈련을 받을 수 있습니다. 한국광고영상제작사협회(http://www.koreacf.or.kr) 홈페이지를 방문해서 카피라이터들의 광고 문구를 들여다 보세요.

작가

★ 어떤 일을 하나요?

작가는 책, 연극, 영화, 방송, 만화를 위해 글을 쓰는 사람이에요. 이처럼 다양한 글쓰기 분야가 있기 때문에 작가도 여러 갈래로 나눠져요. 방송작가는 드라마 작가, 교양·오락 프로그램이나 다큐멘터리를 작성하는 구성작가로 구분돼요. 그리고 시나리오 작가는 영화를, 희곡작가는 연극의 대본을 써요. 요즘은 인터넷 등 가상공간에서 글을 쓰는 사이버 작가가 증가하고 있어요. 사람들은 작가가 쓴 글을 읽고 많은 생각을 하기 때문에 유익한 글을 쓰는 것이 무척 중요하겠죠? 여러분이 좋아하는 동화 중 『강아지똥』을 쓰신 권정생 선생님처럼 좋은 글과 좋은 삶을 보여 주신 분들을 본받는 것도 참 좋을 것 같아요.

★ 무엇을 잘해야 하나요?

작가는 말에 대한 감각과 표현력, 문장력, 문학적 상상력, 창의력 등을 갖추어야 해요. 또 사회현상이나 역사적 사건 등 다양한 분야에 관심이 있어야 하지요. 그리고 인간과 사물에 대한 세밀한 관찰력과 호기심도 필요하지요. 작가는 가상의 이야기를 재미있게 써야 하기 때문에 다양한 분야에서 경험을 쌓는 것도 중요하답니다. 사람들을 만나 여러 가지 간접 체험을 하는 것도 도움이 되지요.

★ 어떻게 하면 될 수 있나요?

작가가 되기 위해서 특별히 필요한 학력이나 전공은 없지만 대학의 국어국문학과, 문예창작학과 등에서 체계적으로 교육을 받을 수 있어요. 방송작가의 경우에는 방송사 및 언론사 부설 아카데미나 사설 교육기관에서 훈련을 받기도 해요. 글을 쓴다는 것에 대해서 더 알아보고 싶다면 한국문인협회(http://www.ikwa.org) 홈페이지를 찾아가 보세요.

광고 및 홍보 전문가

★ 어떤 일을 하나요?

여러분들은 광고를 한번 보았을 뿐인데 광고에 나오는 상품이 인상 깊었던 적이 있었나요? 이렇게 재밌는 광고를 만드는 사람이 바로 광고 전문가예요. 광고 전문가는 먼저 광고할 상품에 대해 자세하게 조사해요. 그리고 시장에서 상품의 경쟁 상대는 누구인지, 판매는 얼마나 되고 있는지, 그리고 소비자는 어떤 기호를 가지고 있는지를 분석해서 광고 기획안을 작성해요. 그런 다음 광고의 제작 방향과 필요한 예산을 수립해서 광고를 만들지요. 광고 전문가와 비슷하게 홍보 전문가는 기업의 이미지나 사회에서의 역량과 같이 눈에 보이지 않는 기업의 자산을 전문적으로 홍보하고 홍보 프로그램을 연구해서 조언하는 일을 해요.

★ 무엇을 잘해야 하나요?

광고 및 홍보 전문가는 제품이나 서비스를 어떻게 표현하느냐가 중요하기 때문에 창의력과 예술적 감수성이 있어야 해요. 광고와 홍보의 가장 중요한 목적은 물건이나 기업을 파는 일이기 때문에 영업과 마케팅에 대한 지식도 필요합니다. 광고를 제작할 때는 다양한 사람들과 함께 일해야 하기 때문에 광고주, 제작자 등과 원활한 인간관계를 유지할 수 있는 유연성과 친화력도 있어야 해요.

★ 어떻게 하면 될 수 있나요?

광고 및 홍보 전문가가 되기 위해서는 대학에서 경영학, 신문방송학, 언론정보학, 광고홍보학, 심리학, 사회학 계열을 전공하는 경우가 많아요. 대부분의 경우 광고 학원이나 대학의 광고 동아리에서 실력과 경험을 쌓고, 광고회사의 인턴이 되거나 공모전에 입상하면 회사에 들어가기 쉬워요. 광고연구원(http://www.adcollege.co.kr) 홈페이지를 방문하면 광고 및 홍보 전문가에 대해 더 자세히 알 수 있답니다.

사진기자

★ 어떤 일을 하나요?

사진기자는 사진을 신문이나 잡지에 게재하기 위해 뉴스, 스포츠, 연예나 흥미를 끌 만한 사건, 장소, 인물 및 기타 장면을 촬영해요. 우선 사진을 찍기 위해서 독자의 관심과 흥미를 불러일으킬 수 있는 사건·사고 현장 및 장소를 찾아가야 해요. 촬영한 사진을 현상하고 기사나 정보의 순서 등에 맞게 사진을 편집한 후 편집부에 제공하는 것도 사진기자의 업무예요. 사진기자도 분야가 세분화되어 있어 정치, 경제, 사회 문화, 스포츠, 연예 등 어느 한 분야의 촬영만을 전문으로 하기도 해요.

★ 무엇을 잘해야 하나요?

사진기자는 기본적으로 사진을 찍고 보는 것을 좋아해야 해요. 그리고 예술적인 감각과 풍부한 상상력, 창의력을 갖추고 있어야 하구요. 카메라 조작뿐만 아니라 필름 현상, 편집, 인화에 이르기까지 여러 가지 기계를 만지기 때문에 기계에 대한 흥미도 있어야 해요. 카메라 장비를 가지고 이동해야 하는 경우가 많기 때문에 체력이 강인하고, 사람을 상대하는 일이 많아 대인관계가 원만한 사람이 일하기 수월하지요.

★ 어떻게 하면 될 수 있나요?

사진기자가 되기 위해서 특별히 요구되는 자격이나 학력은 없지만 대학에서 사진학, 사진영상학, 사진예술학 등 관련 학과를 전공하는 것이 일반적이에요. 보통 신문사, 잡지사에 진출하기 위해서는 공채 시험에 응시해야 되는데 교양상식, 논술, 영어 등의 필기시험과 현장 실습의 실기시험을 치르게 돼요. 보도를 담당하는 기자인 만큼 사회현상에도 관심을 두어야겠죠? 관련된 자격증으로는 한국산업인력공단에서 시행하는 사진기능사가 있어요. 한국 사진기자협회(http://www.kppa.or.kr) 홈페이지에는 사진기자와 관련된 더 많은 지식이 있답니다.

아홉 살 진로 멘토

1판 1쇄 발행일 2012년 10월 29일 • 1판 8쇄 발행일 2021년 6월 29일
글쓴이 최수복 • 그린이 배현정 • 진로정보 허은영 • 펴낸곳 (주)도서출판 북멘토 • 펴낸이 김태완
편집주간 이은아 • 편집 김정숙, 조정우 • 디자인 권석연, 남경민, 안상준 • 마케팅 최창호, 민지원
출판등록 제6-800호(2006. 6. 13.)
주소 03990 서울시 마포구 월드컵북로 6길 69(연남동 567-11), IK빌딩 3층
전화 02-332-4885 • 팩스 02-6021-4885
bookmentorbooks__   bookmentorbooks   bookmentorbooks@hanmail.net

ⓒ 최수복 · 배현정, 2012

※ 잘못된 책은 바꾸어 드립니다.
※ 이 책은 저작권법에 따라 보호를 받는 저작물이므로 무단 전재와 무단 복제를 금합니다.
※ 이 책의 전부 또는 일부를 쓰려면 반드시 저작권자와 출판사의 허락을 받아야 합니다.
※ 책값은 뒤표지에 있습니다.

ISBN 978-89-6319-065-5 74990